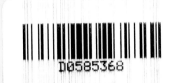

BEST POP CHORD SONG BOOK

Exclusive Distributors:
Music Sales Limited
8/9 Frith Street,
London W1V 5TZ, England.
Music Sales Pty Limited
120 Rothschild Avenue,
Rosebery, NSW 2018,
Australia.

Order No. AM962225
ISBN 0-7119-7997-9

Compiled by Peter Evans
New music arrangements by James Dean
Music processed by The Pitts

Cover design by Chloë Alexander
Photographs courtesy of London Features International

Printed in the United Kingdom by Caligraving Limited,
Thetford, Norfolk.

Your Guarantee of Quality:
As publishers, we strive to produce every book to the highest commercial standards. This book has been carefully designed to minimise awkward page turns and to make playing from it a real pleasure.
Particular care has been given to specifying acid-free, neutral-sized paper made from pulps which have not been elemental chlorine bleached. This pulp is from farmed sustainable forests and was produced with special regard for the environment. Throughout,
the printing and binding have been planned to ensure a sturdy, attractive publication which should give years of enjoyment.
If your copy fails to meet our high standards, please inform us and we will gladly replace it.

BEST POP CHORD SONG BOOK
PARTS ONE - FOUR

Wise Publications
London/New York/Paris/Sydney/Copenhagen/Madrid

BEST POP CHORD SONG BOOK
PART ONE

Relative Tuning

The guitar can be tuned with the aid of pitch pipes or dedicated electronic guitar tuners which are available through your local music dealer. If you do not have a tuning device, you can use relative tuning. Estimate the pitch of the 6th string as near as possible to E or at least a comfortable pitch (not too high, as you might break other strings in tuning up). Then, while checking the various positions on the diagram, place a finger from your left hand on the:

5th fret of the E or 6th string and **tune the open A**(or 5th string) to the note Ⓐ

5th fret of the A or 5th string and **tune the open D** (or 4th string) to the note Ⓓ

5th fret of the D or 4th string and **tune the open G** (or 3rd string) to the note Ⓖ

4th fret of the G or 3rd string and **tune the open B** (or 2nd string) to the note Ⓑ

5th fret of the B or 2nd string and **tune the open E** (or 1st string) to the note Ⓔ

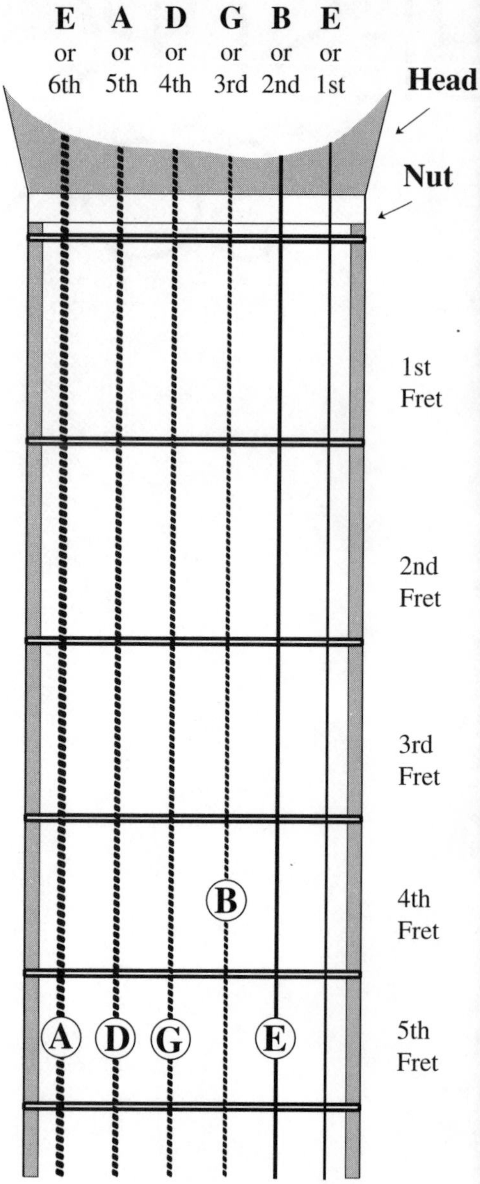

Reading Chord Boxes

Chord boxes are diagrams of the guitar neck viewed head upwards, face on as illustrated. The top horizontal line is the nut, unless a higher fret number is indicated, the others are the frets.

The vertical lines are the strings, starting from E (or 6th) on the left to E (or 1st) on the right.

The black dots indicate where to place your fingers.

Strings marked with an O are played open, not fretted.

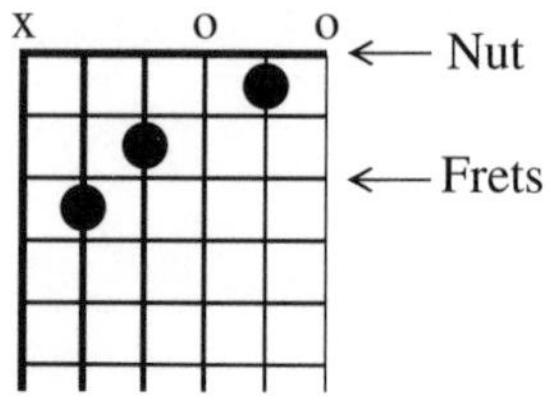

All I Have To Give

Words & Music by
Full Force

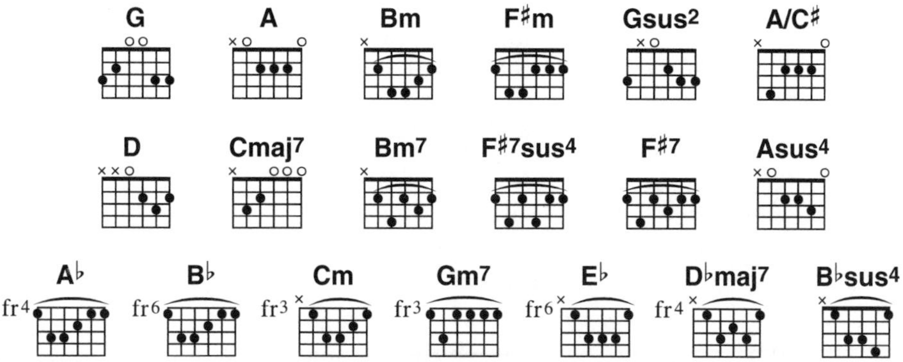

Tune guitar down one semitone

Intro | G A | Bm | G A | F♯m Gsus2 ||

Verse 1

G A Bm
I don't know what he does to make you cry,
G A F♯m Gsus2
But I'll be there to make you smile.
G A A/C♯ D
I don't have a fancy car to get to you,
Cmaj7 Bm7
I'd walk a thousand miles.
G A Bm
I don't care if he buys you nice things.
G A F♯m Gsus2
Does his gifts come from the heart?
G A Cmaj7 Bm7
I don't know, but if you were my girl,
F♯7sus4 F♯7 Bm
I'd make it so we'd never be apart.

Chorus 1

G A Bm
But my love is all I have to give,
G A F♯m Gsus2
Without you I don't think I could live.
G A D
I wish I could give the world to you,
Cmaj7 Asus4
But love is all I have to give.

Verse 2

G A Bm
When you talk does it seem like he's not,
G A F#m Gsus2
Even listening to a word you say?
G A D
That's okay babe, just tell me your problems,
Cmaj7 Bm7
I'll try my best to kiss them all away.
G A Bm
Does he leave when you need him the most?
G A F#m Gsus2
Does his friends get all your time?
G A Cmaj7
Baby please, I'm on my knees,
Bm7 F#7sus4 F#7 Bm
Praying for the day that you'll be mine.

Chorus 2

G A Bm
But my love is all I have to give,
G A F#m Gsus2
Without you I don't think I could live.
G A A/C#
I wish I could give the world to you,
D Cmaj7 Asus4 Bm A/C#
But love is all I have to give to you. (Hey girl.)

Bridge

D G A/C# D Gsus2
Hey girl, I don't want you to cry no more inside.
Bm A/C# D G A/C#
All the money in the world could never add up,
D Cmaj7 Bm7 G A Bm7
To all the love I have inside, I love you, baby,
G A Bm7
And I will give it to you, all I can give, all I can give,
G A Bm7
All,_ everything I have is for you.
G A Bm G
You, you, you, you, you, you, you, what I need.
A A/C# D Cmaj7 A
My love is all that I have to give.

Chorus 3

G A Bm
But my love is all I have to give,
G A F#m Gsus2
Without you I don't think I could live.
G A D
I wish I could give the world to you,
Cmaj7 Asus4
But love is all I have to give.

Chorus 4

```
Asus4                N.C.
But my love is all I have to give,
                                                  F♯m   Gsus2
Without you I don't think I could live.
                    G        A           A/C♯
I wish I could give the world to you,
D                   Cmaj7         Asus4   G   A   Bm7
But love is all I have to give  to you.
```

Outro

```
           A♭  B♭      Cm
𝄆 All    I    have to give,
                 A♭          B♭          Gm7   A♭
Without you I don't think I could live,
           B♭         E♭
Give the world to you lady.
      D♭maj7
All I have to give.
B♭sus4
But my love is.    𝄇     Repeat to fade
```

Big Mistake

Words & Music by
Natalie Imbruglia & Matt Goldenberg

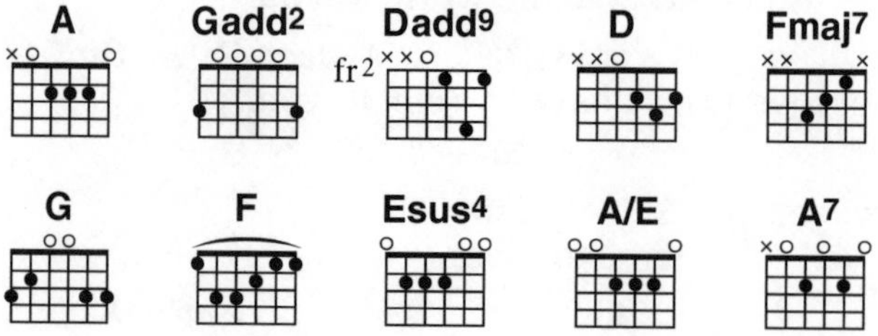

Intro ‖: A Gadd2 | Dadd9 | A Gadd2 | Dadd9 :‖

Verse 1

```
A                  Gadd2  D    A                 Gadd2    D
   There's no sign on the gate,  and there's mud on your face,
A                                 Gadd2  D
Don't you think it's time we re-investigate this situation,
A                Gadd2      D
   Put some fruit on your plate.
Fmaj7                A              Fmaj7
   You forgotten how it started,  close your eyes,
G
Think of all the bubbles of love we made.
```

Chorus 1

```
A                Gadd2          D
   And you're down on your knees,
               F                      Esus4
It's too late,  oh don't come crawlin'.
A              Gadd2    D               F
   And you lie by my feet, what a big mistake.
               Esus4
I see you fallin'.
```

Instrumental | A Gadd2 | Dadd9 | A Gadd2 | Dadd9 ‖

Verse 2

```
A              Gadd2    D     A              Gadd2  D
   Got a buzz in my head,  and my flowers are dead.
A                              Gadd2  D
Can't figure out a way to recti-fy this situation.
A               Gadd2           D
   Don't believe what you said.
Fmaj7                   A              Fmaj7
   You forgotten how it started, close your eyes,
G
Think of all the bubbles of love we made.
```

Chorus 2 As Chorus 1

Instrumental | A Gadd2 | Dadd9 | A Gadd2 | Dadd9 ||

Verse 3

```
A               Gadd2    D   A        Gadd2         D
   I could sting like a bee,  careful how you treat me.
A                              Gadd2        D
Baby I don't think I'll accept your sorry invitation.
A                  Gadd2     D
   Close the door as you leave.
Fmaj7                   A              Fmaj7
   You forgotten how it started, close your eyes,
G
Think of all the bubbles of love we made.
```

Chorus 3 As Chorus 1

Chorus 4

```
A           G         D
   And you cry over me,
          F                Esus4
I can't wait, I feel you stallin'.
A           Gadd2       D                 F
   And you try to reach me, what a big mistake.
              Esus4
I hear you callin'.
```

Chorus 5 As Chorus 1

Instrumental |: A/E | A7 | A | D :| *Repeat to fade*

Bootie Call

Words & Music by Shaznay Lewis
Music by Karl Gordon

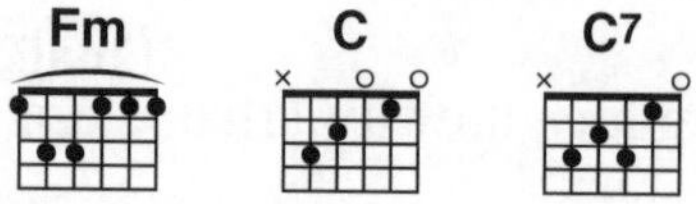

Intro 𝄆 Fm | C | Fm | C7 𝄇

```
Chorus 1   Fm
             Bring it on, bring it, bring it on now.
           C
             Bring it on, bring it, bring it on now.
           Fm
             Bring it on, bring it, bring it on now.
           C7
             Bring it on, bring it, bring it on now.

Chorus 2   As Chorus 1

Verse 1    Fm                          C
           Never stop giving good love 'cause that's what I call you for.
           Fm                                   C7
           Never stop baby give it up 'cause I know where it came from,

           You got more.
           Fm                          C
             I like playing games and if it's all the same,
           Fm                                                     C7
           You can bring it on with the rough stuff and give me young love.

           I don't want to be tame.
           Fm                                    C
             I need a man to be a real man now, in order what I got in store,
           Fm                                     C7
             Always finish what you start baby and always havin' you beg for more
           Fm                                          C
             You know I wanna be diggy down boy, but I don't get around.
           Fm                                                         C7
           Jimmy hitched a ride in your pocket I lock him in your wallet,

           It's just a bootie call.
```

Chorus 3 As Chorus 1

Chorus 4 As Chorus 1

Verse 2

```
Fm                                    C
   I'm keen on you what is baby, some things are always good to have.
Fm                      C7
You never let me down, I'm always happy when you make me laugh.
Fm                      C
   But don't try to find, this heart of mine.
Fm                                            C7
Emotions that come into my head, so don't be misled,

My heart doesn't need to be bled.
Fm                                    C
   Only trying to be smart babe, don't need the rollercoaster ride.
Fm
   I've been and seen and done it all yeah,
C7
Don't want you messing with my mind.
Fm                    C
   So don't be a fool, keep this as your number one rule.
Fm                                                  C7
Good loving's not always from the heart, you got to be smart,

Stay just the way you are.
```

Chorus 5

```
Fm          C               Fm
   Bootie call, it's just a bootie call.
            C7              Fm
Bootie call, it's just a bootie call.
            C               Fm
Bootie call, it's just a bootie call.
            C7
Bootie call, it's just a bootie call.
```

Instrumental 𝄆 Fm | C | Fm | C7 𝄇

Outro

```
    Fm              C
𝄆    Bootie call, it's a bootie call, it's a bootie call,
Fm              C7
   Bootie call, it's a bootie call, it's a bootie call. 𝄇  Repeat to fade
```

Don't Let Go

Words & Music by
Jesse Stone

Eadd9 C D/A D

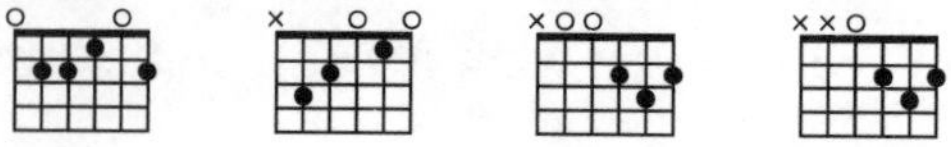

Capo first fret

Intro | Eadd9 C | D/A | Eadd9 C | D ||

Chorus 1

Eadd9 C D/A
What's it gonna be, 'cause I can't pretend?
Eadd9 C D
Don't you wanna be more than friends?
Eadd9 C D/A
Then hold me tight and don't let go, don't let go.
Eadd9
We have the right to lose control.
C D
Don't let go.

Verse 1

Eadd9 C D/A
I often tell myself that we could be more than just friends.
Eadd9 C D/A
I know you think that if we move too soon, it would all end.
Eadd9 C D/A
I live in misery when you're not around,
Eadd9 C D/A
And I won't be satisfied till we're taking those vows.

Bridge 1

Eadd9 C
There'll be some love making, heart breaking,
D/A
Soul shaking love.
Eadd9 C D/A
Love making, heart breaking, soul shaking.

Chorus 2 As Chorus 1

Verse 2

Eadd9 C D/A
I often fantasise the stars above are watching.
Eadd9 C D/A
They know my heart, how I speak to you is like only lovers do.
Eadd9 C D/A
If I could wear your clothes I'd pretend I was you,
Eadd9 C D/A
And lose control. Oh.

Bridge 2 As Bridge 1

Chorus 3 As Chorus 1

Middle

Eadd9 C D/A
Running in and out of my life

Has got me so confused,
Eadd9 C D/A
You gotta make a sacrifice,

Somebody's gotta choose.
Eadd9 C D/A
We can make it if we try,

For the sake of you and I.
Eadd9 C D/A
Together we can make it right.

Chorus 4 𝄆 As Chorus 1 𝄇 *Repeat to fade*

I'm Your Angel

Words & Music by
R. Kelly

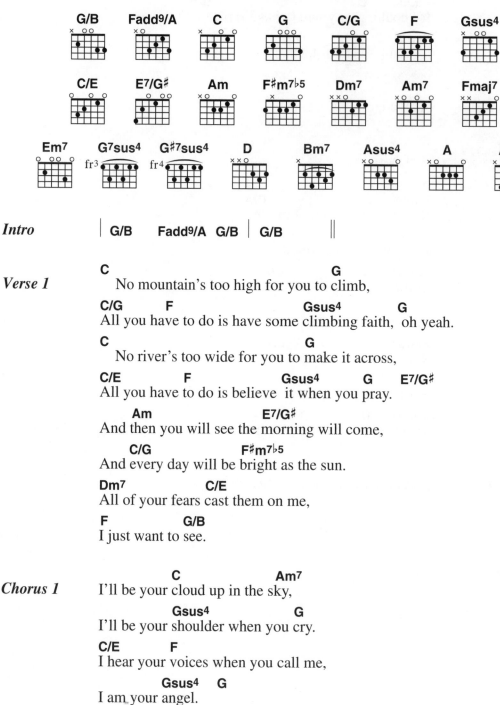

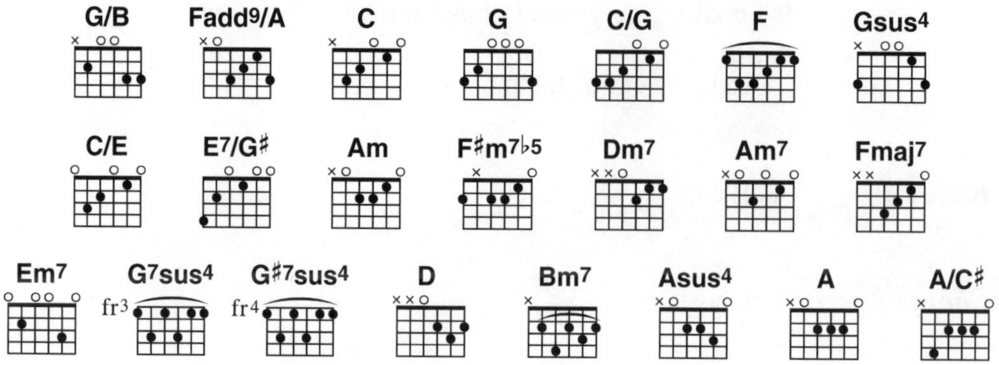

Intro | G/B Fadd9/A G/B | G/B ||

Verse 1

C G
No mountain's too high for you to climb,
C/G F Gsus4 G
All you have to do is have some climbing faith, oh yeah.
C G
No river's too wide for you to make it across,
C/E F Gsus4 G E7/G♯
All you have to do is believe it when you pray.
Am E7/G♯
And then you will see the morning will come,
C/G F♯m7♭5
And every day will be bright as the sun.
Dm7 C/E
All of your fears cast them on me,
F G/B
I just want to see.

Chorus 1

C Am7
I'll be your cloud up in the sky,
Gsus4 G
I'll be your shoulder when you cry.
C/E F
I hear your voices when you call me,
Gsus4 G
I am your angel.

```
            F       G/B      C                     Am7
cont.         And when all hope is gone I'm here,
                             Gsus4          G
            No matter how far you are I'm near.
              C/E            F
            It makes no difference who you are,
                         Gsus4  G           F       C
            I am your angel,    I'm your angel.


            C                              G
Verse 2       I saw your teardrops and I heard you crying,
            C/G      F                            Gsus4        G
            All you need is time, seek me and you shall find.
            C                                    G
              You have everything and you're still lonely,
              C/E              F                    Gsus4        G       E7/G#
            It don't have to be this way, let me show you a better day.
                  Am                        E7/G#
            And then you will see the morning will come,
                 C/G                   F#m7b5
            And all of your days will be bright as the sun,
                Dm7                      C/E
            So all of your fears, just cast them on me,
            F                          G/B
            How can I make you see.


                           C                 Am7
Chorus 2    I'll be your cloud in the sky,
                           Gsus4               G
            I'll be your shoulder when you cry.
            C/E           F
            I hear your voices when you call me,
                         Gsus4    G
            I am your angel.
            F       G/B      C                     Am7
              And when all hope is gone I'm here,
                             Gsus4          G
            No matter how far you are I'm near.
              C/E            F
            It makes no difference who you are,
                         Gsus4  G           F
            I am your angel,    I'm your angel.
```

```
               C                                          Fmaj7
*Bridge*       And when it's time to face the storm,
                   Em7     Dm7     C
               I'll be right by your side.
                                                     Fmaj7
               Grace will keep us safe and warm,
                         Em7       Dm7     Am
               And I know we will survive.
                                    E7/G#          C/G          F#m7b5
               And when it seems as if your end is drawing near,
                        F
               Don't you ever give up the fight,
                       G7sus4                G#7sus4
               Put your trust beyond the stars.

                              D                 Bm7
*Chorus 3*     ||: I'll be your cloud in the sky,
                          Asus4              A
               I'll be your shoulder when you cry.
                 D        G                 G/B
               I hear your voices when you call me,
                        Asus4   A
               I am your angel.
               G/B   A/C#    D                    Bm7
                 And when all hope is gone I'm here,
                               Asus4           A
               No matter how far you are I'm near.
                 D          G                  G/B
               It makes no difference who you are,
                        Asus4  A
               I am your angel.        :||     Repeat to fade
```

Life

Lyrics & Melody by Des'ree
Music by Prince Sampson

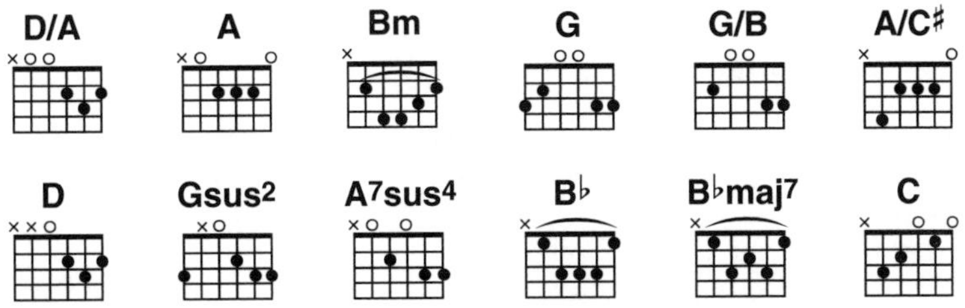

Tune guitar down one semitone

Intro

D/A A Bm G G/B
Mm, yeah, yeah.

D/A A/C♯
Oh yeah, yeah, yeah.

Bm G
Oh life oh life.

Verse 1

D A Bm
I'm afraid of the dark, 'specially when I'm in the park,

Gsus2
And there's no one else around. Ooh I get the shivers.

D A Bm
I don't wanna see a ghost, it's the sight I fear most.

Gsus2
I'd rather have a piece of toast,

Watch the evenin' news.

Chorus 1

D A
Life, oh life.

Bm G
Oh life, oh life.

A7sus4 D
Do do do do.

A
Life, oh life.

Bm G
Oh life, oh life.

Do do do.

Verse 2

D A Bm
I'm a superstitious girl, I'm the worst in the world.

Gsus2
Never walk under ladders, I keep a rabbit's tail.

D A Bm7
I'll take you on a dare, anytime, anywhere,

Gsus2
Name the place, I'll be there,

D
Bungee jumping, I don't care.

Chorus 2

D A
Life, oh life.

Bm G
Oh life, oh life.

G A7sus4 D
Do do do do.

A
Life, oh life.

Bm G
Oh life, oh life.

Do do do.

B♭ B♭maj7 C D
Life, do do do do do do do do do do.

Instrumental | A | Bm7 | G A | D | A | Bm | G ||

Verse 3

D A Bm
So after all's said and done, I know I'm not the only one.

Gsus2
Life indeed can be fun, if you really want to.

D A Bm7
Sometimes livin' out your dreams, ain't as easy as it seems.

Gsus2
You wanna fly around the world.

In a beautiful balloon.

Chorus 3

```
D         A
Life, oh life.
    Bm      G
Oh life, oh life.
    A7sus4  D
Do do  do    do.
             A
Life, oh life.
    Bm      G
Oh life, oh life.
               D
Do do do do.
             A
Life, oh life.
    Bm      G
Oh life, oh life.
    A7sus4  D
Do do  do    do.
             A
Life, oh life.
    Bm      G
Oh life, oh life.
               D
Do do do do.
```

Outro

```
                A               Bm
𝄆 Do do do do do do do do.
             G      A7sus4  D
Do do do do do do do     do.
             A      Bm      G
Do do do do oh life, oh life.
    D
Oh life.  𝄇      Repeat to fade
```

Looking For Love

Words & Music by
Ben Watt & Tracey Thorn

Gmaj9 Aadd9

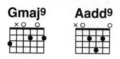

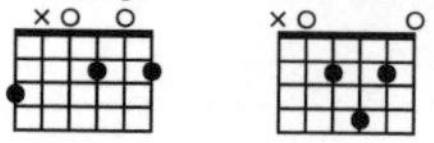

Intro | Gmaj9 | Gmaj9 | Gmaj9 | Gmaj9 |

| Gmaj9 | Gmaj9 | Gmaj9 | Gmaj9 ||

Found You.

Verse 1

Gmaj9
I was alone thinkin' I was just fine,
Aadd9
I wasn't lookin' for anyone to be mine.
Gmaj9
I thought love was just a fabrication,
Aadd9
A train that wouldn't stop at my station.
Gmaj9
Home alone, that was my consignment,
Aadd9
Solitary confinement.
Gmaj9
So when we met I was skirtin' around you,
Aadd9 Gmaj9
I didn't know I was lookin' for love until I found you.

Chorus 1

Aadd9 Gmaj9
I didn't know I was lookin' for love until I found you.
Aadd9 Gmaj9
I didn't know I was lookin' for love until I found you.
Aadd9
I didn't know I was lookin' for love,
Aadd9
I didn't know I was lookin' for love.

Verse 2

```
Gmaj9
   Coz there you stood and I would or I wondered,
          Aadd9
Could I say how I felt and not be misunderstood.
Gmaj9
   A thousand stars came into my system,
Aadd9
   I never knew how much I had missed them.
Gmaj9
Slap upon the mat of my heart you landed,
Aadd9
   I was coy with you and you were candid.
Gmaj9
   And now the planets circle around you,
Aadd9                                          Gmaj9
   I didn't know I was looking for love until I found you.
```

Chorus 2 As Chorus 1

Middle

```
         Gmaj9
So we build from here with love a foundation,
Aadd9
  In a wall of tears one consolation.
Gmaj9
   And now you're here there's a full brass band,
Aadd9
   Playing in me like a wonderland.
Gmaj9
  And if you left I would be two foot small,
Aadd9
   And ev'ry tear would be a waterfall.
Gmaj9
   Soundless, boundless I'll surround you,
Aadd9                                         Gmaj9          Aadd9
   I didn't know I was lookin' for love until I found you,
Gmaj9          Aadd9
Found you.
                Gmaj9
I just didn't know.
```

Chorus 3 As Chorus 1

```
                Gmaj9
I just didn't know.
```

Lost In Space

Music by Paul Tucker & Tim Laws
Words by Paul Tucker

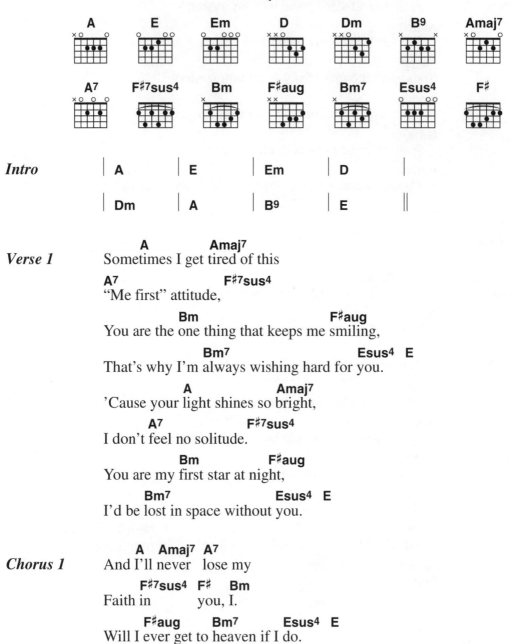

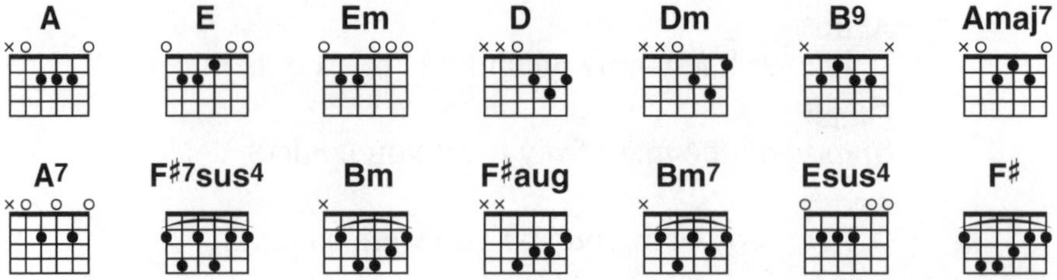

Intro | A | E | Em | D |
| Dm | A | B9 | E ||

Verse 1

```
          A          Amaj7
Sometimes I get tired of this
A7                     F♯7sus4
"Me first" attitude,
              Bm                        F♯aug
You are the one thing that keeps me smiling,
                   Bm7                  Esus4  E
That's why I'm always wishing hard for you.
                 A             Amaj7
'Cause your light shines so bright,
         A7              F♯7sus4
I don't feel no solitude.
              Bm         F♯aug
You are my first star at night,
         Bm7               Esus4  E
I'd be lost in space without you.
```

Chorus 1

```
         A   Amaj7 A7
And I'll never   lose my
         F♯7sus4 F♯  Bm
Faith in         you, I.
          F♯aug    Bm7        Esus4  E
Will I ever get to heaven if I do.
```

```
            A                Amaj7
Verse 2     Feels just so fine,

                      A7                             F#7sus4
            When we touch the sky, me and you.

                  Bm            F#aug
            This is my idea of heaven,

                         Bm7                  Esus4   E
            Why can't it always be so good?

                      A                         Amaj7
            But it's alright, I know you're out there,

            A7                      F#7sus4
            Doing what you gotta do.

                         Bm         F#aug
            You are my soul satellite,

                  Bm7                     Esus4   E
            I'd be lost in space without you.


Chorus 2    As Chorus 1


Chorus 3    As Chorus 1


Instrumental | A       | E       | Em      | D          |

             | Dm      | A       | B9      | Esus4   E  ||


                 A   Amaj7  A7
Chorus 4    ||: And I'll never   lose my

                  F#7sus4  F#    Bm
            Faith in          you, I.

                  F#aug      Bm7        Esus4   E
            Will I ever get to heaven if I do.      :||  Play 3 times


Instrumental ||: A     | Amaj7   | A7      | F#7sus4  F#  |

             | Bm      | F#aug   | Bm7     | Esus4    E  :||   Repeat to fade
```

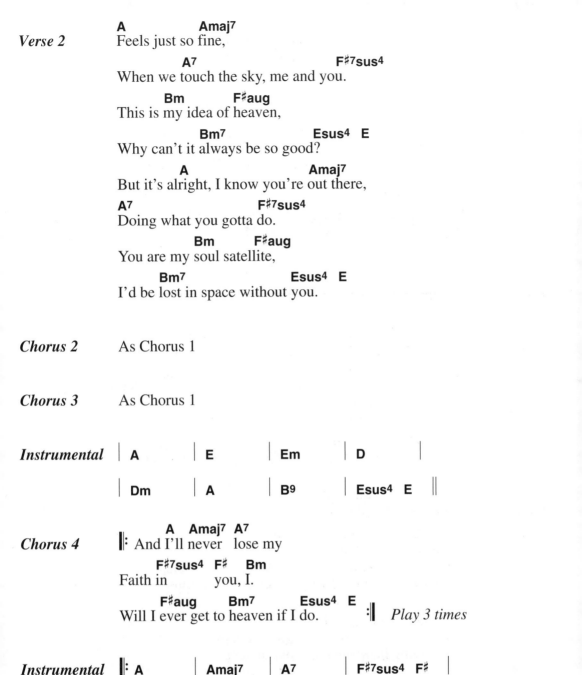

My All

Music by Mariah Carey & Walter Afansieff
Words by Mariah Carey

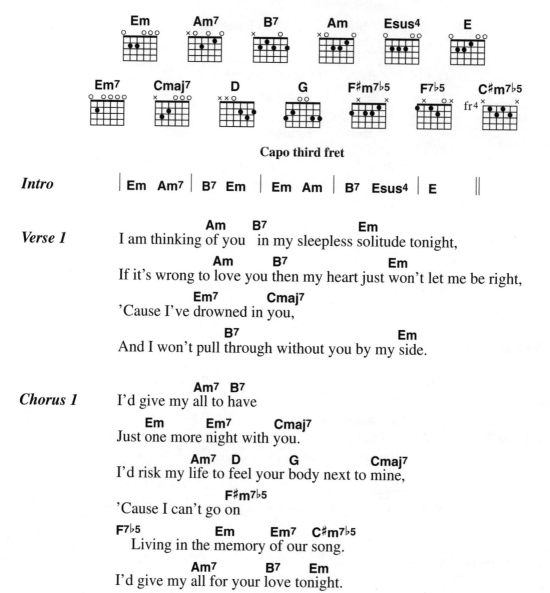

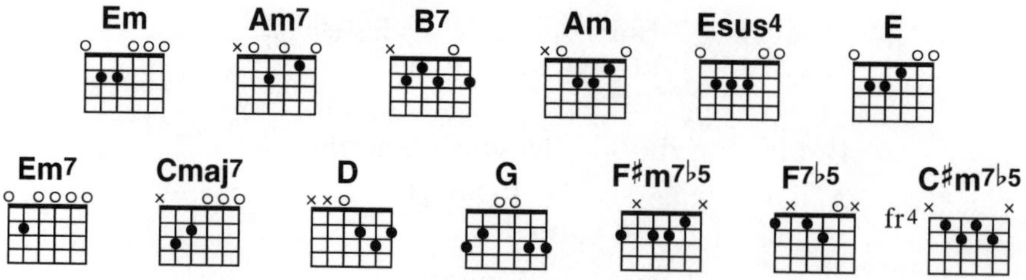

Capo third fret

Intro | Em Am7 | B7 Em | Em Am | B7 Esus4 | E ||

Verse 1

Am B7 Em
I am thinking of you in my sleepless solitude tonight,
Am B7 Em
If it's wrong to love you then my heart just won't let me be right,
Em7 Cmaj7
'Cause I've drowned in you,
B7 Em
And I won't pull through without you by my side.

Chorus 1

Am7 B7
I'd give my all to have
Em Em7 Cmaj7
Just one more night with you.
Am7 D G Cmaj7
I'd risk my life to feel your body next to mine,
F♯m7♭5
'Cause I can't go on
F7♭5 Em Em7 C♯m7♭5
Living in the memory of our song.
Am7 B7 Em
I'd give my all for your love tonight.

Verse 2

```
                  Am      B7                     Em
Baby can you feel me, imagining I'm looking in your eyes?
                  Am      B7              Em
I can see you clearly,  vividly emblazoned in my mind.
                Em7   Cmaj7             B7
And you're just so far, like a distant star
                   Em
I'm wishing on tonight.
```

Chorus 2

```
                Am7  B7
I'd give my all to have
     Em         Em7          Cmaj7
Just one more night with you.
                Am7   D          G               Cmaj7
I'd risk my life to feel your body next to mine,
                   F♯m7♭5
'Cause I can't go on
F7♭5               Em        Em7   C♯m7♭5
Living in the memory of our song.
                Am7          B7      Em
I'd give my all for your love tonight.
```

Instrumental

```
| Am7  B7  | Em7     | Am7  B7 |

| Em    Em7| Cmaj7  B7 | Em     ||
```

Chorus 3

```
            Am7  B7
I'd give all to have
     Em         Em7          Cmaj7
Just one more night with you.
                Am7   D          G               Cmaj7
I'd risk my life to feel your body next to mine,
                   F♯m7♭5  F7♭5
'Cause I can't go on
                 Em        Em7   C♯m7♭5
Living in the memory of our  song.
                Am7          B7      Em   Em7   Cmaj7
I'd give my all for your love tonight.
             Am7          B7      Em  Am7  B7  Em
Give my all for your love tonight.
```

More Than A Woman

Words & Music by
Barry Gibb, Robin Gibb & Maurice Gibb

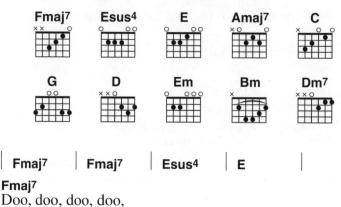

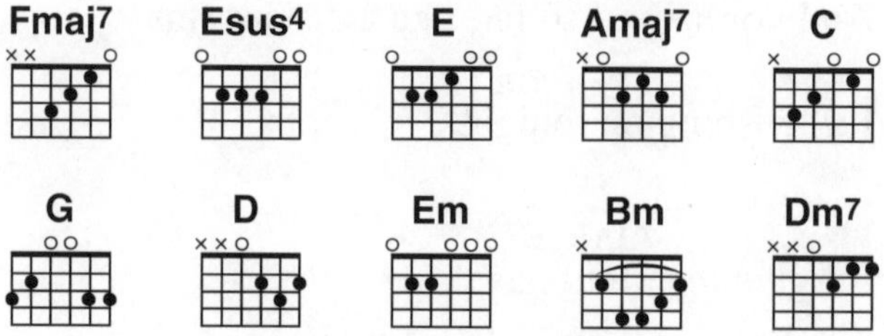

Intro | Fmaj7 | Fmaj7 | Esus4 | E |

```
Fmaj7
Doo, doo, doo, doo,
                                   Esus4                  E
More than a woman, doo, doo, doo, doo.
```

Verse 1

```
     Amaj7
Oh girl I've known you very well,

I've seen you growing every day.
  Esus4
I never really looked before,

But now you take my breath away.
Amaj7
Suddenly you're in my life,

Part of everything I do.
         Esus4
You've got me working night and day,

Just trying to keep a hold on you.
C                                          G     D  Em
   Here in my arms I've found my par - a - dise,
C                              D  Bm          Em   D
   My only chance for happiness,
C                               D    G          D      Em
   And if I lose you now I think that I would die.
   Fmaj7
Oh say you'll always be my baby, we can make it shine,
                                    Esus4             E
We can take forever, just a minute at a time, oh.
```

Chorus 1

```
Fmaj7
More than a woman,
C                           Dm7
More than a woman to me, baby.
Fmaj7
More than a woman, more than a woman,
C                           Dm7
More than a woman to me.
Fmaj7
Doo, doo, doo, doo, more than a woman,
Esus4                   E
Doo, doo, doo, doo,  oh yeah.
```

Verse 2

```
Amaj7
There are stories old and true,
                                         Esus4
Of people so in love like you and me.

And I can see myself,

Let history repeat itself.
   Amaj7
Reflecting how I feel for you.

Think about those people then,
  Esus4
I know that in a thousand years,

I'd fall in love with you again.
C                   D        G  D      Em
  This is the only way that we should fly,
C                   D      Bm       Em   D
   This is the only way to go.
C                      D     G      D      Em
   And if I lose your love, I think I would die.
    Fmaj7
Oh say you'll always be my baby, we can make it shine,
                                 Esus4           E
We can take forever, just a minute at a time, oh.
```

Chorus 2

```
Fmaj7
More than a woman,
C                              Dm7
More than a woman to me, baby.
Fmaj7
More than a woman, more than a woman,
C                              Dm7
More than a woman to me.
Fmaj7
Doo, doo, doo, doo, more than a woman,
Esus4                    E
Doo, doo, doo, doo,  oh yeah, yeah, yeah.
```

Outro

```
   Fmaj7
𝄆 More than a woman,

More than a woman,
C                              Dm7
More than a woman to me.
Fmaj7
More than a woman,

More than a woman,
C                              Dm7
More than a woman to me,

Ev'ry day of my life. 𝄇     Repeat to fade
```

My Oh My

Words & Music by
N. Holder & J. Lea

B♭ C Am Dm A7 F

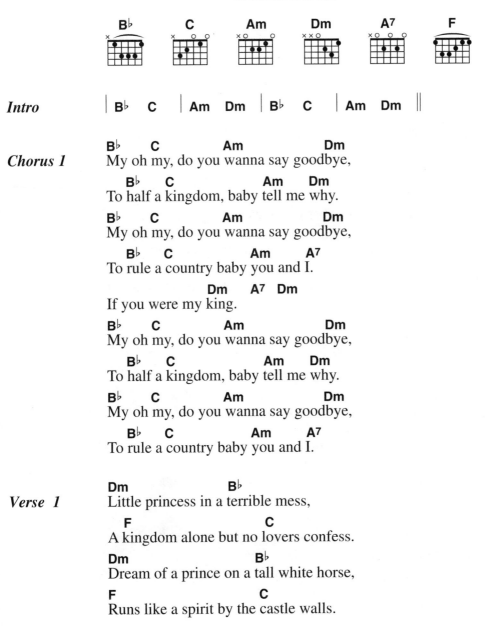

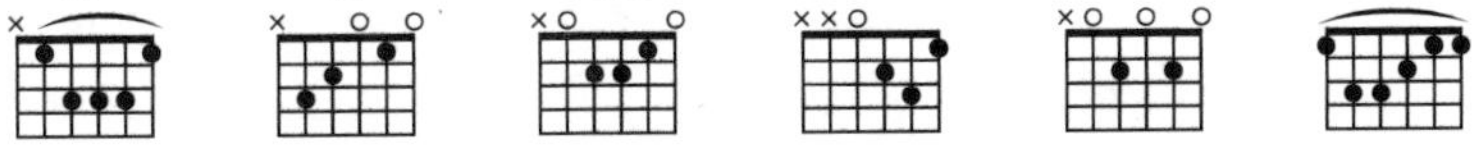

Intro | B♭ C | Am Dm | B♭ C | Am Dm ||

Chorus 1

B♭ C Am Dm
My oh my, do you wanna say goodbye,
B♭ C Am Dm
To half a kingdom, baby tell me why.
B♭ C Am Dm
My oh my, do you wanna say goodbye,
B♭ C Am A7
To rule a country baby you and I.
Dm A7 Dm
If you were my king.
B♭ C Am Dm
My oh my, do you wanna say goodbye,
B♭ C Am Dm
To half a kingdom, baby tell me why.
B♭ C Am Dm
My oh my, do you wanna say goodbye,
B♭ C Am A7
To rule a country baby you and I.

Verse 1

Dm B♭
Little princess in a terrible mess,
F C
A kingdom alone but no lovers confess.
Dm B♭
Dream of a prince on a tall white horse,
F C
Runs like a spirit by the castle walls.

Bridge 1

```
Dm                             B♭
   Gotta steal from the rich when they don't know I'm coming,
F                         C
   Gotta give to the poor, no time for lovin'.
Dm                                   B♭
   My oh my don't you cry, 'cause there's no way I'm staying.
F                                     C                          Dm    A7 Dm
   I will leave, say bye bye, I'm going my way.
```

Chorus 2

```
B♭      C            Am                 Dm
My oh my, do you wanna say goodbye,
   B♭      C                 Am     Dm
To half a kingdom, baby tell me why.
B♭      C            Am                 Dm
My oh my, do you wanna say goodbye,
   B♭      C             Am     A7
To rule a country baby you and I.
                    Dm      B♭                 F
If you were my king, oh  I would be your queen.
   C                    Dm      B♭                 F        C
Oh  if you were my king, oh  I would be your queen oh.
```

Verse 2

```
Dm                        B♭
Mystery deep in the royal heart,
F                          C
Crying at night, why wanna be apart?
Dm                             B♭
Prince, oh prince, are you really sincere,
F                          C
That you one day are gonna disappear?
```

Bridge 2

```
Dm                             B♭
   Gotta steal from the rich when they don't know I'm coming,
F                         C
   Gotta give to the poor, no time for lovin'.
Dm                                   B♭
   My oh my don't you cry, 'cause there's no way I'm staying.
F                                     C                          Dm    A7 Dm
   I will leave, say bye bye, I'm going my way.
```

Middle

```
B♭     C  Am   Dm
My oh my, oh.
B♭     C  Am   Dm
My oh my, oh.
B♭     C  Am   Dm
My oh my, oh.
B♭     C  Am   A7
My oh my.
```

Chorus 3

```
B♭     C         Am              Dm
My oh my, do you wanna say goodbye,
   B♭    C              Am     Dm
To half a kingdom baby tell me why.
B♭     C         Am              Dm
My oh my, do you wanna say goodbye,
   B♭   C             Am      A7
To rule a country baby you and I.
```

Chorus 4

```
B♭     C         Am              Dm
My oh my, do you wanna say goodbye,
   B♭    C              Am     Dm
To half a kingdom baby tell me why.
B♭     C         Am              Dm
My oh my, do you wanna say goodbye,
   B♭   C             Am      A7
To rule a country baby you and I.
```

Outro

```
               Dm      B♭              F
If you were my king, oh  I would be your queen.
    C              Dm      B♭              F        C
Oh  if you were my king, oh  I would be your queen oh.

| Dm    A7  Dm | Dm        ||
```

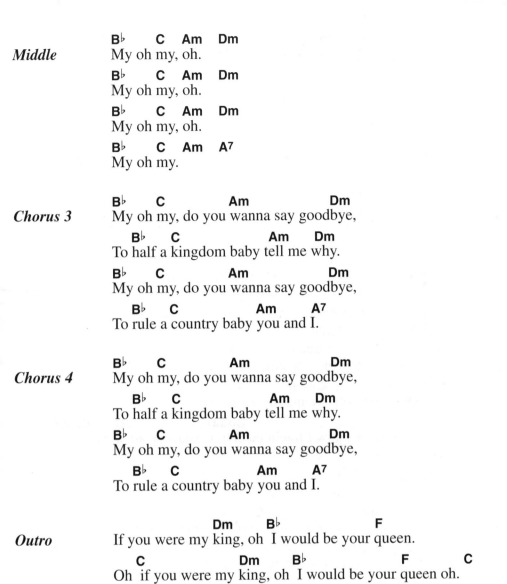

On A Day Like Today

Words & Music by
Bryan Adams & Phil Thornalley

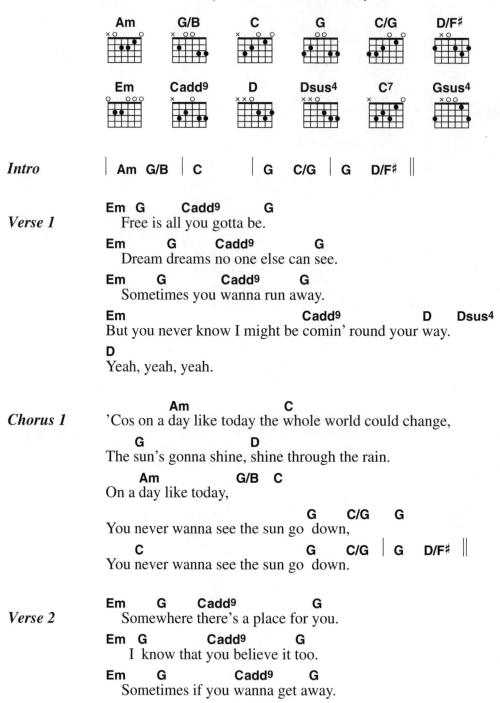

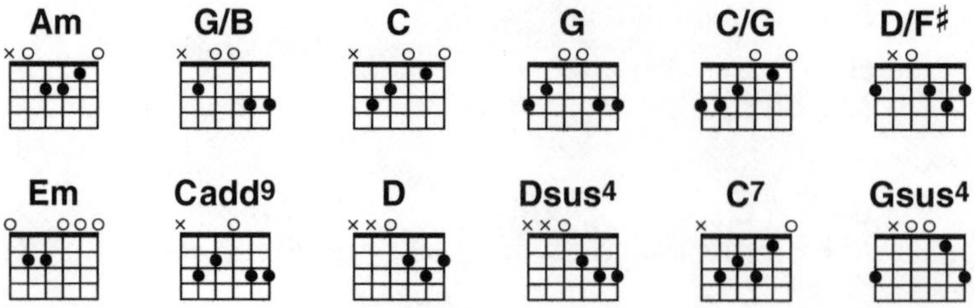

Intro | Am G/B | C | G C/G | G D/F♯ ||

Verse 1

Em G Cadd9 G
Free is all you gotta be.
Em G Cadd9 G
Dream dreams no one else can see.
Em G Cadd9 G
Sometimes you wanna run away.
Em Cadd9 D Dsus4
But you never know I might be comin' round your way.
D
Yeah, yeah, yeah.

Chorus 1

Am C
'Cos on a day like today the whole world could change,
G D
The sun's gonna shine, shine through the rain.
Am G/B C
On a day like today,
G C/G G
You never wanna see the sun go down,
C G C/G | G D/F♯ ||
You never wanna see the sun go down.

Verse 2

Em G Cadd9 G
Somewhere there's a place for you.
Em G Cadd9 G
I know that you believe it too.
Em G Cadd9 G
Sometimes if you wanna get away.

```
cont.          Em                              Cadd9            Dsus4
               All you gotta know is what we got is here to stay,
               D
               All the way.

                   Am                   C
Chorus 2       On a day like today, the whole world could change,
                   G                D
               The sun's gonna shine, shine through the rain.
                   Am              C
               On a day like today no one complains,
               G                D
               Free to be pure, free to be sane.
                   Am             G/B   C
               On a day like today,
                                                G
               You never wanna see the sun go  down.
                   C                            G     C/G  | G       ||
               You never wanna see the sun go  down.


Instrumental   | Am      | C       | Em      | G       ||

               Am
Bridge         Free is all you gotta be.
               C7
               Dream dreams no one else can see.
               Em                                                    D
               But you never know what might be comin' for you and me.

               Yeah it's gotta be.

                   Am                   C
Chorus 3       On a day like today, the whole world could change,
                   G                D
               The sun's gonna shine, shine through the rain.
                   Am              C
               On a day like today no one complains,
               G                D
               Free to be pure, free to be sane.
                   Am             Gsus4  C
               On a day like today,
                                                G
               You never wanna see the sun go  down.
                   C                            G
               You never wanna see the sun go  down.
```

Picture Of You

Words & Music by
Eliot Kennedy, Ronan Keating, Paul Wilson & Andy Watkins

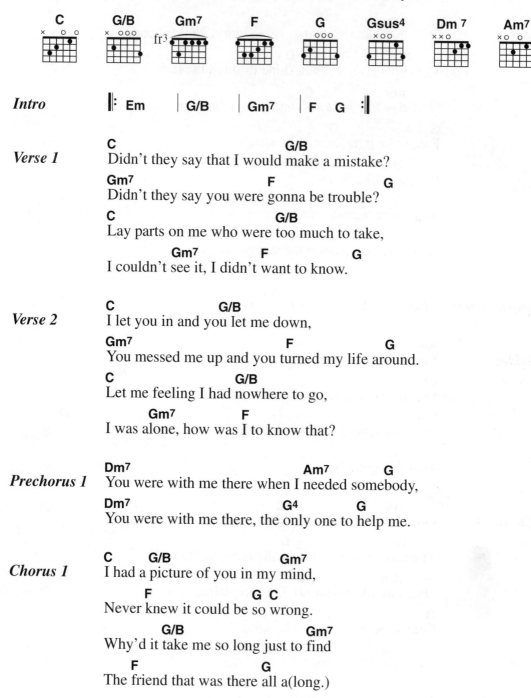

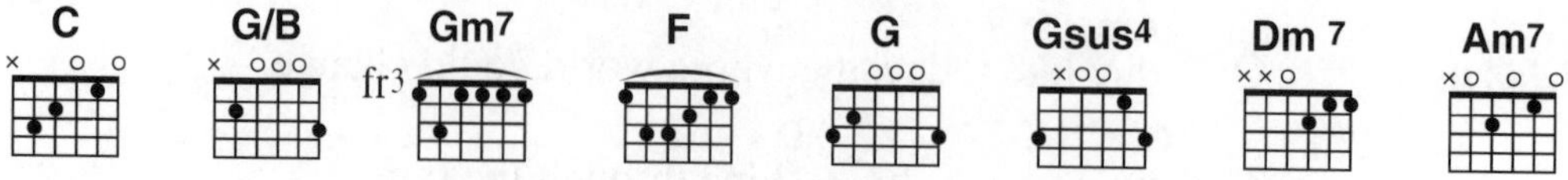

Intro ‖: Em | G/B | Gm7 | F G :‖

Verse 1

C G/B
Didn't they say that I would make a mistake?
Gm7 F G
Didn't they say you were gonna be trouble?
C G/B
Lay parts on me who were too much to take,
Gm7 F G
I couldn't see it, I didn't want to know.

Verse 2

C G/B
I let you in and you let me down,
Gm7 F G
You messed me up and you turned my life around.
C G/B
Let me feeling I had nowhere to go,
Gm7 F
I was alone, how was I to know that?

Prechorus 1

Dm7 Am7 G
You were with me there when I needed somebody,
Dm7 G4 G
You were with me there, the only one to help me.

Chorus 1

C G/B Gm7
I had a picture of you in my mind,
F G C
Never knew it could be so wrong.
G/B Gm7
Why'd it take me so long just to find
F G
The friend that was there all a(long.)

Link | C | G/B | Gm7 | F G ||
- long.

Verse 3

C G/B
Do you believe that after all that we've been through
Gm7 F G C
I'd be able to put my trust in you?
G/B
Goes to show you can forgive and forget
Gm7 F
Looking back I have no regrets, 'cause

Prechorus 2 As Prechorus 1

Chorus 2 As Chorus 1

Instr | C | G/B | Gm7 | F G |
- long.
| C | G/B | Gm7 | F ||

Prechorus 3

Dm7 Am7 G
You were with me there when I needed somebody,
Dm7 G4 G
You were with me there, the only one to help me ____

Chorus 3 As Chorus 1 (twice)

Chorus 4 As Chorus 1 *to fade.*

Rollercoaster

Words & Music by Edele Lynch, Keavy Lynch, Lindsay Armaou,
Sinead O'Carroll, Ray Hedges, Martin Brannigan & Tracey Ackerman

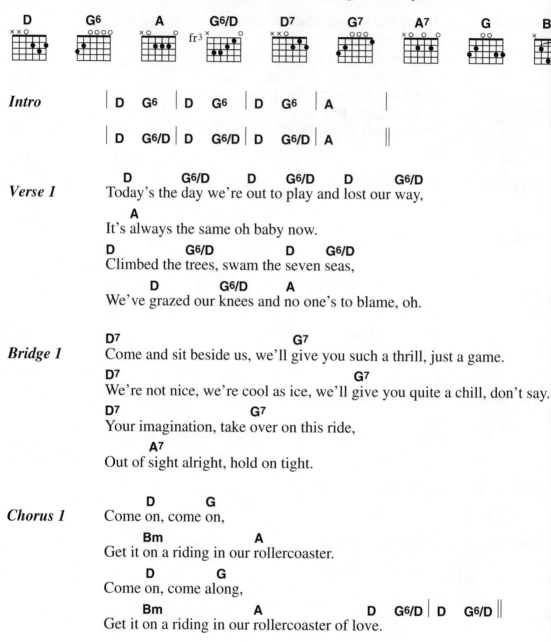

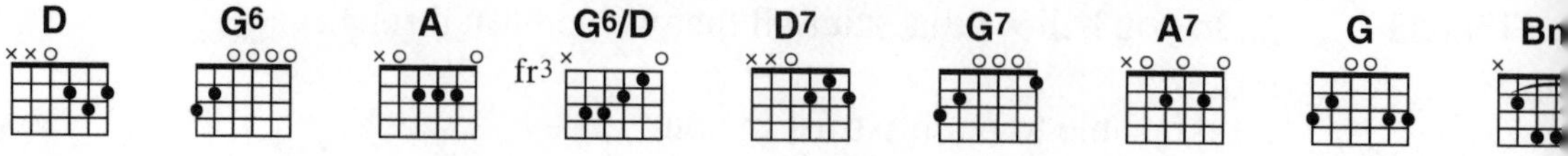

Intro

| D G6 | D G6 | D G6 | A |

| D G6/D | D G6/D | D G6/D | A ||

Verse 1

D G6/D D G6/D D G6/D
Today's the day we're out to play and lost our way,
A
It's always the same oh baby now.
D G6/D D G6/D
Climbed the trees, swam the seven seas,
D G6/D A
We've grazed our knees and no one's to blame, oh.

Bridge 1

D7 G7
Come and sit beside us, we'll give you such a thrill, just a game.
D7 G7
We're not nice, we're cool as ice, we'll give you quite a chill, don't say.
D7 G7
Your imagination, take over on this ride,
A7
Out of sight alright, hold on tight.

Chorus 1

D G
Come on, come on,
Bm A
Get it on a riding in our rollercoaster.
D G
Come on, come along,
Bm A D G6/D | D G6/D ||
Get it on a riding in our rollercoaster of love.

Verse 2

```
    D          G6/D        D         G6/D
So don't be shy, you'll soon be high,
      D          G6/D     A
We'll touch the sky, you never believe, oh baby now.
D              G6/D       D            G6/D
Round and round, but don't look down.
     D          G6/D           A
We won't be found, you'd better believe it.
```

Bridge 2 As Bridge 1

Chorus 2 As Chorus 1

Instrumental

```
| D        | G6/D     | D        | A        |
| D        | G6/D     | D        | A        ||
```

Chorus 3

```
          D          G
Come on, come on,
          Bm                    A
Get it on a riding in our rollercoaster.
          D           G
Come on, come along,
          Bm                         A                  D
Get it on we're riding in our rollercoaster of love.
                                      G
Don't wanna wait for you lover,  don't wanna wait.
          Bm                         A
Get it on we're riding in our rollercoaster of (love.)
```

Outro

```
   D   G6/D | D    G6/D
|: love.               Of :|   Repeat to fade
```

Stranded

Words & Music by
Larossi, Rami Yacoub & Daniel Papalexis

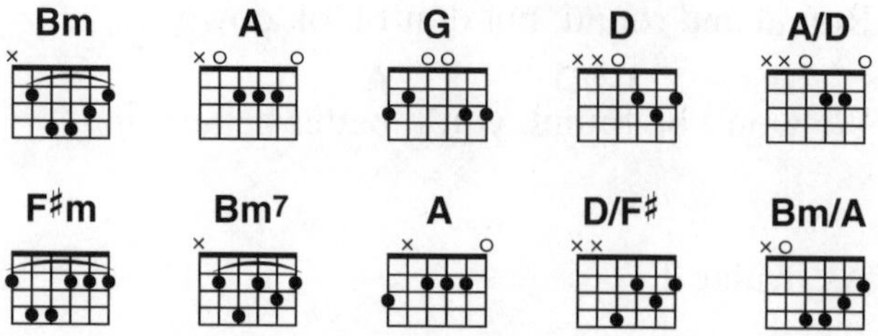

Capo first fret

Intro | Bm | A | G | D A/D ||

D   A   G   D
I don't wanna feel like I'm stranded.

Verse 1

A/D Bm   F♯m
You left me all alone, I can't take it no more,
G   D
I wish that you were here by my side,
      A   Bm   F♯m
'Cause I remember those days when it was our time.
          G   D
If I could right the wrongs that I did,
A   Bm   A   G
I would give it all to you, if you were here,
                              D   A
I know you would too.

Chorus 1

D   A
I don't wanna feel like I'm stranded, oh baby,
G   D
I don't wanna be here alone.
A   Bm7   A
'Cause I don't wanna feel abandoned, but maybe
G   D   A
Heaven is the place our love belongs.

Verse 2

```
Bm
Now that I'm alone,
            F♯m
And you walked away from me,
  G                           D         A
I just don't wanna live anymore.
  Bm
I gave my life to you,
            F♯m
Like you gave your life to me,
  G                           D
If only I could show what I mean.
A         Bm                  A
'Cause I need you more than ever,
             G                          D      A
If you were here you would need me too.
```

Chorus 2 As Chorus 1

Middle

```
A                          Bm
   I know I'll see you again someday,
         G                      A   D    A   Bm7
I'll be waiting for that day all my life.
A          A/G                  D/F♯   A     Bm
   I know things will be the same again,
Bm/A   G                        A
I know someday I'll see you again.
```

Chorus 3 𝄆 As Chorus 1 𝄇 *Repeat to fade*

Sweetest Thing

Words & Music by
U2

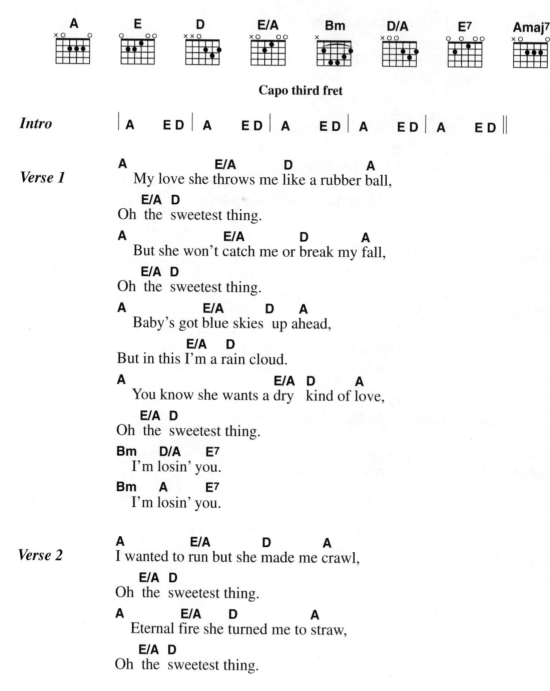

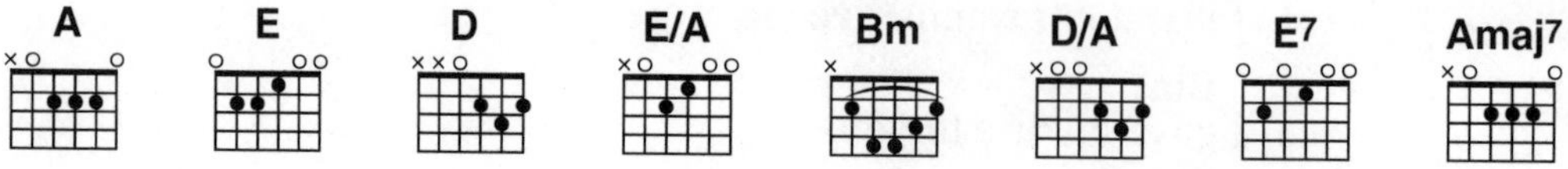

Capo third fret

```
Intro      | A    E D | A    E D | A    E D | A    E D | A    E D ||

           A                E/A        D          A
Verse 1       My love she throws me like a rubber ball,
              E/A D
           Oh the  sweetest thing.
           A                  E/A            D          A
              But she won't catch me or break my fall,
              E/A D
           Oh the  sweetest thing.
           A               E/A        D     A
              Baby's got blue skies  up ahead,
                       E/A   D
           But in this I'm a rain cloud.
           A                                E/A  D        A
              You know she wants a dry   kind of love,
              E/A D
           Oh the  sweetest thing.
           Bm    D/A    E7
              I'm losin' you.
           Bm    A      E7
              I'm losin' you.

           A            E/A           D          A
Verse 2    I wanted to run but she made me crawl,
              E/A D
           Oh the  sweetest thing.
           A            E/A     D            A
              Eternal fire she turned me to straw,
              E/A D
           Oh the  sweetest thing.
```

```
                A                   E/A    D
cont.              I know I got black eyes,

                        A           E/A              D
                But they burn so brightly for her.

                A                   E/A    D         A
                   I guess it's a blind kind of love.

                   E/A   D
                Oh  the  sweetest thing.

                Bm      D/A    E7
                   I'm losin' you, whoa,

                Bm     D/A          E7
                I'm    losin' you.

                                      D
                Ain't love the sweetest thing?

                Ain't love the sweetest thing?


Instrumental  |: A    E D | A    E D | A    E D :|


                A                 E/A     D              A
Verse 3            Blue eyed boy to brown eyed girl,

                   E/A   D
                Oh  the  sweetest thing.

                A                      E/A            D            A
                   You can set it up, but you still see the tear,

                   E/A   D
                Oh  the  sweetest thing.

                A                 E/A        D     A
                   Baby's got blue skies  up ahead,

                               E/A     D
                But in this I'm a rain cloud,

                A              E/A     D       A
                   Ours is a stormy kind of love,

                   E/A   D
                Oh  the  sweetest thing.


                   Amaj7        D
Outro           |: Do do do do, do do do do,

                Amaj7        D
                Do, do do do do do do do.     :|

                Amaj7        D
                Do do do do, do the sweetest thing.

                Amaj7        D                             A
                Do do do do, do the sweetest thing.
```

Viva Forever

Words & Music by Victoria Aadams, Emma Bunton, Melanie Brown,
Melanie Chisholm, Geri Halliwell, Richard Stannard & Matt Rowe

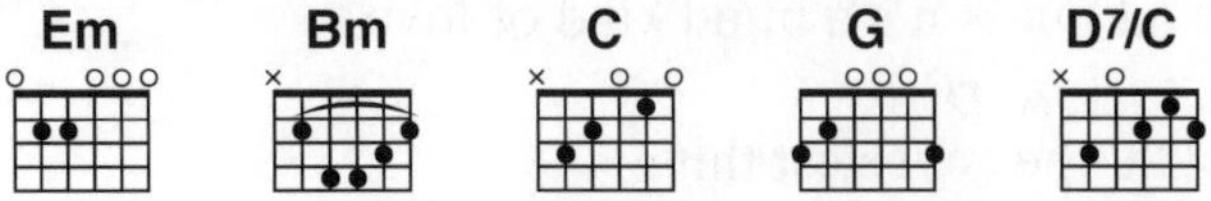

Tune guitar down one semitone

Intro | Em | Bm | C | G |

| Em | Bm | C D7/C | G |

| N.C. | N.C. | Em | Bm | C | G ||

Verse 1

Em Bm
Do you still remember how we used to be?
C
Feeling together,
G
Believing whatever my love has said to me.
Em
Both of us were dreamers,
Bm
Young love in the sun.
C
Felt like my saviour, my spirit I gave you,
G
We'd only just begun.
Em Bm
Hasta mañana,
C G
Always be mine.

Chorus 1

Em Bm
Viva forever, I'll be waiting,
C G
Ever lasting like the sun.
Em Bm
Live forever, for the moment,
C G
Ever searching for the one.

```
              Em                Bm
Verse 2       Yes I still remember every whispered word.
                  C
              The touch of your skin,
                                        G
              Giving life from within, like a love song never heard.
              Em
              Slipping through my fingers,
              Bm
              Like the sands of time.
              C
              Promises made, every memory saved,
                   G
              As reflections in my mind.
              Em      Bm
              Hasta mañana,
              C       G
              Always be mine.


Chorus 2      As Chorus 2


Instrumental  |: Em     | Bm     | C      | G      :|


              Em
Verse 3       Back where I belong now,
              Bm
              Was it just a dream?
              C
              Feelings unfolding will never be sold.
                      G
              And the secret's safe with me.
              Em      Bm
              Hasta mañana,
              C       G
              Always be mine.


Chorus 3      As Chorus 1


Chorus 4      As Chorus 1
```

You're Still The One

Words & Music by
Shania Twain & Robert John "Mutt" Lange

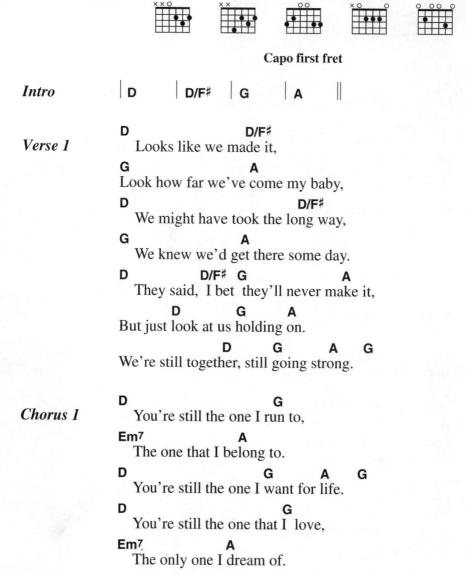

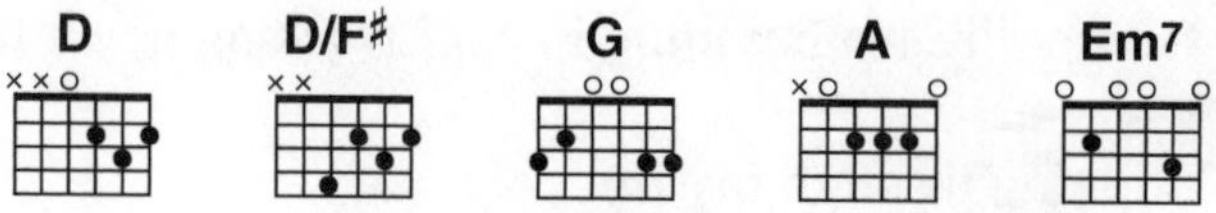

Capo first fret

Intro | D | D/F♯ | G | A ||

Verse 1

D D/F♯
Looks like we made it,
G A
Look how far we've come my baby,
D D/F♯
We might have took the long way,
G A
We knew we'd get there some day.
D D/F♯ G A
They said, I bet they'll never make it,
D G A
But just look at us holding on.
D G A G
We're still together, still going strong.

Chorus 1

D G
You're still the one I run to,
Em7 A
The one that I belong to.
D G A G
You're still the one I want for life.
D G
You're still the one that I love,
Em7 A
The only one I dream of.
D G A
You're still the one I kiss goodnight.

```
            D                    D/F#
Verse 2       Ain't nothing better,

            G            A
            We beat the odds together.

            D                          D/F#
              I'm glad we didn't listen,

            G                        A
              Look at what we would be missing.

            D              D/F#  G                 A
              They said,  I bet  they'll never make it,

                     D            G        A
            But just look at us holding on.

                               D          G          A
            We're still together, still going strong.


            D                         G
Chorus 2      You're still the one I run to,

            Em7                   A
              The one that I belong to.

            D                       G        A     G
              You're still the one I want for life.

            D                          G
              You're still the one that I  love,

            Em7                 A
              The only one I dream of.

            D                        G       A
              You're still the one I kiss goodnight.

            You're still the one.


Instrumental ||: D      | G      | A      | A      :||


            D                         G
Chorus 3      You're still the one I run to,

            Em7                   A
              The one that I belong to.

            D                       G        A     G
              You're still the one I want for life.

            D                          G
              You're still the one that I  love,

            Em7                 A
              The only one I dream of.

            D                        G       A
              You're still the one I kiss goodnight.

            D                    D/F#
              I'm so glad we made it,

            G                      A
            Look how far we've come baby.
```

So Young

Words & Music by
Andrea Corr, Caroline Corr, Sharon Corr & Jim Corr

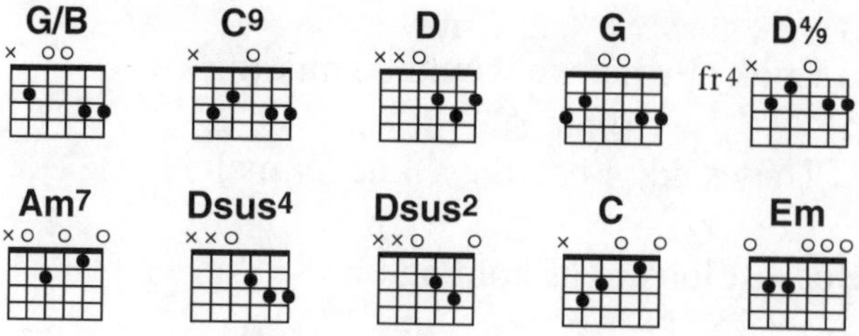

Intro

G/B C9 D
Yeah, yeah, yeah, yeah, yeah.
G C9 D
Yeah, yeah, yeah, yeah, yeah.

Verse 1

G
We are taking it easy.
C9 D6/9
Bright and breezy, yeah.
G
We are living it up
C9 D6/9
Just fine and dandy, yeah.

Pre-chorus 1

Am7 C D6/9
And it really doesn't matter that we don't eat,
Am7 C D6/9
And it really doesn't matter if we never sleep,
Am7
No, it really doesn't matter.
C Dsus4 D Dsus2 D
Really doesn't matter at all.________________

Chorus 1

G
'Cos we are so young now,

C9 D
We are so young, so young now.

G
And when tomorrow comes

C9 D
We can do it all again.

Verse 2

G
We are chasing the moon,

C D4/9
Just running wild and free.

G
We are following through

C9 D4/9
Every dream and every need.

Pre-chorus 2

Am7 C D4/9
And it really doesn't matter that we don't eat,

Am7 C D4/9
And it really doesn't matter if we never sleep,

Am7
No, it really doesn't matter.

C Dsus4 D Dsus2 D
Really doesn't matter at all.________________

Chorus 2

G
'Cos we are so young now,

C9 D
We are so young, so young now.

G
And when tomorrow comes

C9 D
We can do it all again.

Chorus 3

```
               G/B
Yeah, we're so young now
       C9                      D
We are so young, so young now.
             G
And when tomorrow comes
     C9          D
We'll just do it all again.
```

Bridge

```
   Am7  C       Em      D
All again,   all again, he-yeah.
   Am7  C       D
All again,   all again,___ yeah, yeah, yeah.
```

Chorus 4

```
G
So young now,
       C9                      D
We are so young, so young now.
             G
And when tomorrow comes
     C9          D
We'll just do it all again.
```

Chorus 5 As Chorus 4

Coda

```
              G                    C9          D
We are so young___ (yeah, yeah, yeah, yeah) yeah!
              G/B                  C9          D
We are so young___ (yeah, yeah, yeah, yeah) yeah!   Repeat to fade
```

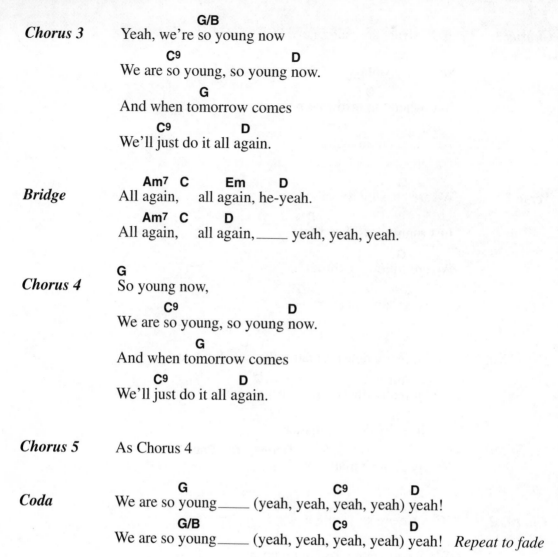

BEST POP CHORD SONG BOOK

PART TWO

Be Careful

Words & Music by
R. Kelly

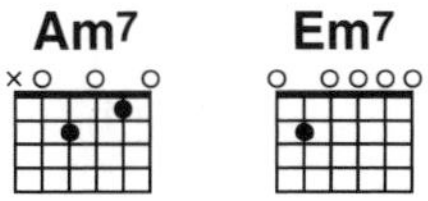

Capo sixth fret

Verse 1

Am7 Em7
Two years ago promises is all I heard.

Wait a minute, let me finish.

Am7 Em7
Two years ago promises is all I heard,

Out of your mouth,

Am7 Em7
And now you wanna walk away boy,

And tear down the walls in this house.

Am7
You used to tell me sweet things,

Em7
Sweet things in the morning time.

Am7
N'all you do is hurt me,

Em7
And think that everything is fine.

Chorus 1

Am7
You'd better be careful what you say to me,

Em7
'Cos it might turn around on you.

Am7
You'd better be careful what you do to me,

Em7
'Cos somebody might do it to you.

Verse 2

Am7
Now who was there for you,
Em7
When your ass was out of work?
Am7 Em7
All by myself takin' little man to church.
Am7 Em7
So quick to hang up the phone when I step in the room.
Am7
Then you wanna turn it all around,
Em7
I'm gettin' tired of playin' fool.

Chorus 2

Am7
You'd better be careful what you say to me,
Em7
'Cos it might turn around on you.
Am7
You'd better be careful what you do to me,
Em7
'Cos somebody might do it to you.

Bridge 1

Am7 Em7
If the shoe, fits wear it boy,
Am7 Em7
If the shoe, fits wear it boy.

Verse 3

Am7 Em7
Two years ago didn't know you had male friends,

Wait a minute let me finish,
Am7 Em7
Two years ago didn't know you had male friends,

Off up in college.
Am7
I found out you're still reaching out,
Em7
To some of them, Mrs. Busy-body.
Am7
You used to listen to me
Em7
When you were down and lost.
Am7
But now you don't even respect me,
Em7
Ever since I got laid off.

Chorus 3

```
                    Am7
You'd better be careful what you say to me,
         Em7
'Cos it might turn around on you.
                    Am7
You'd better be careful what you do to me,
             Em7
'Cos somebody might do it to you.
```

Verse 4

```
Am7
   Now who gave you money,
                                       Em7
When your ass was broke without a dime?
Am7
   And even though then man is not my child,
              Em7
I made him mine.
Am7
   So quick, run to your friends,
                  Em7
And talk about what we do in this house,
Am7
And then you wanna party all night long,
Em7
What the hell you talking 'bout?
```

Chorus 4

```
                    Am7
You'd better be careful what you say to me,
         Em7
'Cos it might turn around on you.
                    Am7
You'd better be careful what you do to me,
             Em7
'Cos somebody might do it to you.
```

Bridge 2

```
         Am7                Em7
If the shoe, fits wear it girl,
         Am7                Em7
If the shoe, fits wear it girl.
```

Outro

```
‖: Am7 | Em7 | Am7 | Em7 :‖
```

Repeat to fade

Brimful Of Asha

Words & Music by
Tjinder Singh

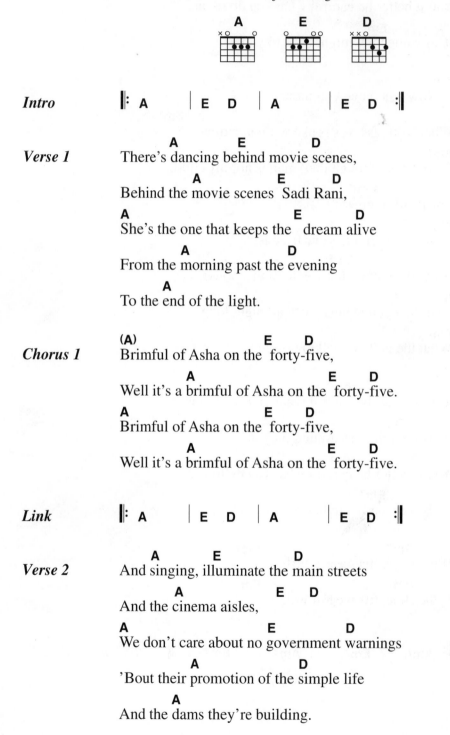

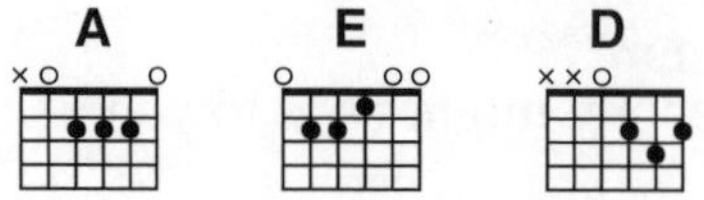

Intro ‖: A | E D | A | E D :‖

Verse 1
A E D
There's dancing behind movie scenes,
A E D
Behind the movie scenes Sadi Rani,
A E D
She's the one that keeps the dream alive
A D
From the morning past the evening
A
To the end of the light.

Chorus 1
(A) E D
Brimful of Asha on the forty-five,
A E D
Well it's a brimful of Asha on the forty-five.
A E D
Brimful of Asha on the forty-five,
A E D
Well it's a brimful of Asha on the forty-five.

Link ‖: A | E D | A | E D :‖

Verse 2
A E D
And singing, illuminate the main streets
A E D
And the cinema aisles,
A E D
We don't care about no government warnings
A D
'Bout their promotion of the simple life
A
And the dams they're building.

```
Chorus 2     As Chorus 1

             A                 D
Bridge 1     Everybody needs a bosom for a pillow,
             A                 D
             Everybody needs a bosom.
             A                 D
             Everybody needs a bosom for a pillow,
             A                 D
             Everybody needs a bosom.
             A                 D
             Everybody needs a bosom for a pillow,
             A                 D
             Everybody needs a bosom.

             Mine's on the forty-(five.)

Link         ||: A      | E   D | A      | E   D :||
               five.

             A              E    D
Verse 3      Mohamid Rufi. (Forty-five.)
             A               E    D
             Lata Mangeskar. (Forty-five.)
             A                E    D
             Solid state radio. (Forty-five.)
             A               E    D
             Ferguson mono. (Forty-five.)
             A             E    D
             Bon Publeek. (Forty-five.)
             A                       D
             Jacques Dutronc and the Bolan Boogie,
                 A                        D
             The Heavy Hitters and the chi-chi music,
             A               E    D
             All India Radio. (Forty-five.)
             A             E    D
             Two-in-ones. (Forty-five.)
             A              E    D
             Argo records. (Forty-five.)
             A                E    D
             Trojan records. (Forty-five.)
```

```
            A                   E     D
Chorus 3    Brimful of Asha on the forty-five,
                      A                    E     D
            Well it's a brimful of Asha on the forty-five.
            A                   E     D
            Brimful of Asha on the forty-five,
                      A                    E     D
            Well it's a brimful of Asha on the forty-five.

            A                 D
Bridge 2    Everybody needs a bosom for a pillow,
            A                 D
            Everybody needs a bosom.
            A                 D
            Everybody needs a bosom for a pillow,
            A                 D
            Everybody needs a bosom.
            A                 D
            Everybody needs a bosom for a pillow,
            A                 D
            Everybody needs a bosom.

            Mine's on the forty-(five.).

Link        |: A      | E   D | A      | E   D :|
             five.
            A                                E      D
Verse 4     Seventy-seven thousand piece orchestra set.
            A
            Everybody needs a bosom for a pillow,
            E         D
            Mine's on the r.p.m.

Chorus 4    As Chorus 3

Bridge 3    |: As Bridge 2 :|   Repeat to fade
```

C'est La Vie

Words & Music by Edele Lynch, Keavy Lynch, Lindsay Armou,
Sinead O'Carroll, Ray Hedges, Martin Brannigan & Tracey Ackerman

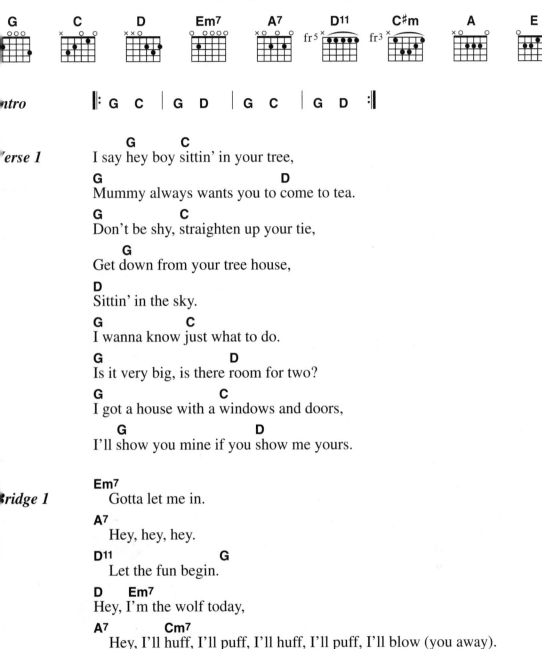

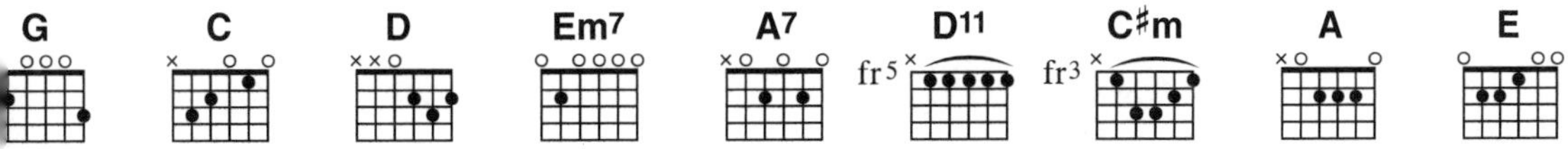

Intro

‖: G C | G D | G C | G D :‖

Verse 1

        G   **C**
I say hey boy sittin' in your tree,

G   **D**
Mummy always wants you to come to tea.

G   **C**
Don't be shy, straighten up your tie,

        G
Get down from your tree house,

D
Sittin' in the sky.

G   **C**
I wanna know just what to do.

G   **D**
Is it very big, is there room for two?

G   **C**
I got a house with a windows and doors,

        G   **D**
I'll show you mine if you show me yours.

Bridge 1

    Em7
Gotta let me in.

    A7
Hey, hey, hey.

D11   **G**
Let the fun begin.

D   **Em7**
Hey, I'm the wolf today,

    A7   **Cm7**
Hey, I'll huff, I'll puff, I'll huff, I'll puff, I'll blow (you away).

Chorus 1

```
        G            C
Say you will, say you won't,
         G        D
Say you'll do what I don't.
          G          C
Say you're true, say to me,
G          D
   C'est la vie.
        G            C
Say you will, say you won't,
         G        D
Say you'll do what I don't.
          G          C
Say you're true, say to me,
G          D
   C'est la vie.
```

Verse 2

```
        G
Do you play with the girls,
C
Play with the boys?
G                 D
Do you ever get lonely,

Playing with your toy?
G           C
We can talk, we can sing.
G
I'll be the queen
      D
And you'll be the king.
G   C
Hey, boy in your tree,
      G
Throw down a ladder,
D
Make a room for me.
G                         C
I gotta house with a windows and doors,
G                                D
I'll show you mine if you'll show me yours.
```

Bridge 2 As Bridge 1

Chorus 2

```
           G          C
Say you will, say you won't,
            G          D
Say you'll do what I don't.
             G          C
Say you're true, say to me,
G           D
   C'est la vie.
           G          C
Say you will, say you won't,
            G          D
Say you'll do what I don't.
             G          C
Say you're true, say to me,
G           D
   C'est la vie.
```

Instrumental | N.C |: A D | A E | A D | A E :|

Chorus 3

```
           A          D
Say you will, say you won't,
            A          E
Say you'll do what I don't.
             A           D
Say you're true, say to me,
A           E
   C'est la vie.
           A          D
Say you will, say you won't,
            A          E
Say you'll do what I don't.
             A           D
Say you're true, say to me,
A           E      A     D
   C'est la vie.
A           E      A     D
   C'est la vie.
A           E      A
   C'est la vie.
```

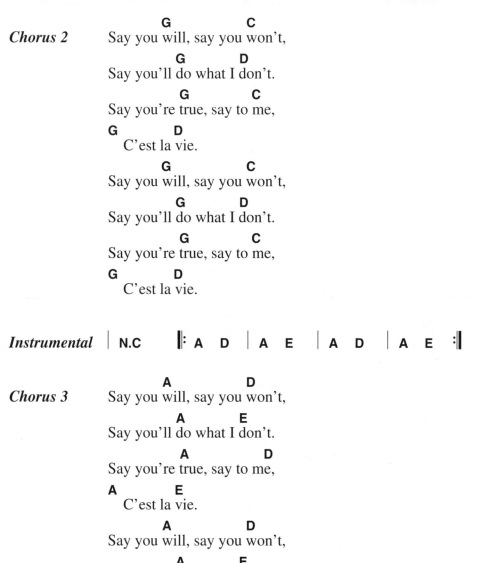

Diva

Music by Svika Pick
Words by Yoav Ginai

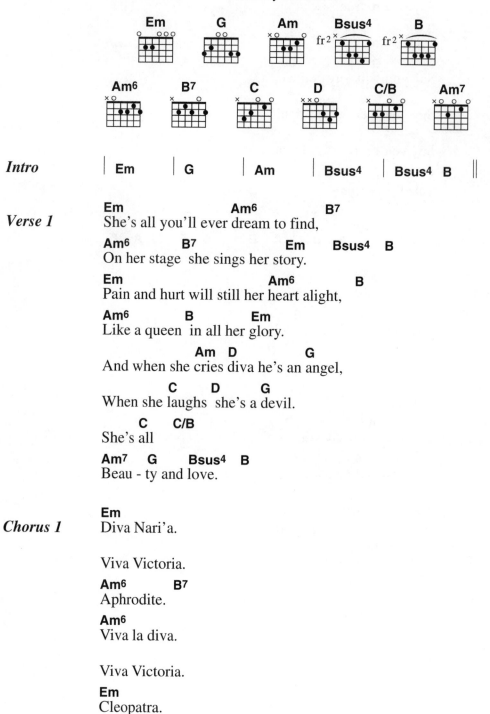

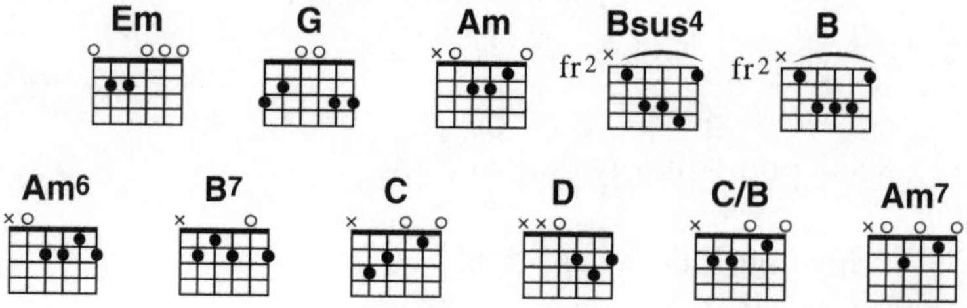

Intro | Em | G | Am | Bsus4 | Bsus4 B ||

Verse 1

Em Am6 B7
She's all you'll ever dream to find,
Am6 B7 Em Bsus4 B
On her stage she sings her story.
Em Am6 B
Pain and hurt will still her heart alight,
Am6 B Em
Like a queen in all her glory.
Am D G
And when she cries diva he's an angel,
C D G
When she laughs she's a devil.
C C/B
She's all
Am7 G Bsus4 B
Beau - ty and love.

Chorus 1

Em
Diva Nari'a.

Viva Victoria.
Am6 B7
Aphrodite.
Am6
Viva la diva.

Viva Victoria.
Em
Cleopatra.

'erse 2

```
Em                             Am6         B7
Silent tears drop from those eyes tonight,
Am6        B7          Em
Tears offered  for all those aching hearts.
                Am  D          G
And when she cries diva he's an angel,
           C      D      G
When she laughs   she's a devil.
      C    C/B
She's all
Am7   G     Bsus4  B
Beau - ty and love.
```

'horus 2

```
Em
Diva Nari'a.

Viva Victoria.
Am6        B7
Aphrodite.
Am6
Viva la diva.

Viva Victoria.
Em         B7
Cleopatra.
```

'horus 3 As Chorus 1

Iiddle

| Am D | G | C D | G | C C/B | Am7 G | Bsus4 B ||

```
Em   G    Am   Bsus4  B
Diva, diva. diva, diva.
```

'horus 4 As Chorus 2

'horus 5

```
Em
Diva Nari'a.

Viva Victoria.
Am6        B7
Aphrodite.
Am6
Viva la diva.
              Em
Viva Victoria. Diva!
```

From This Moment On

Words & Music by
Shania Twain & Robert John "Mutt" Lange

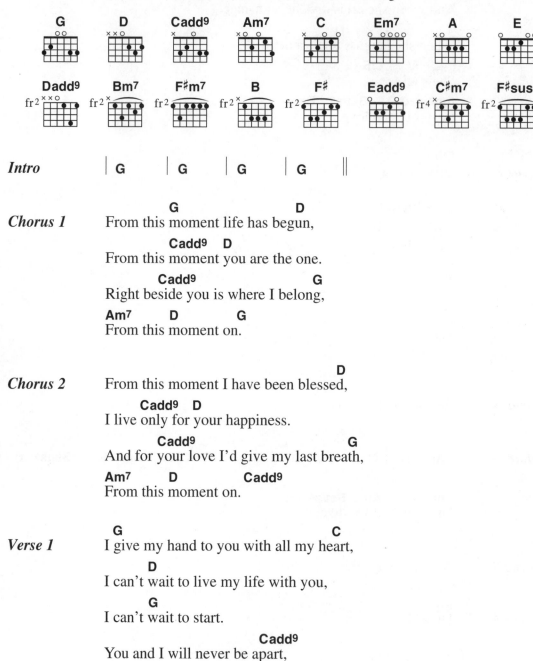

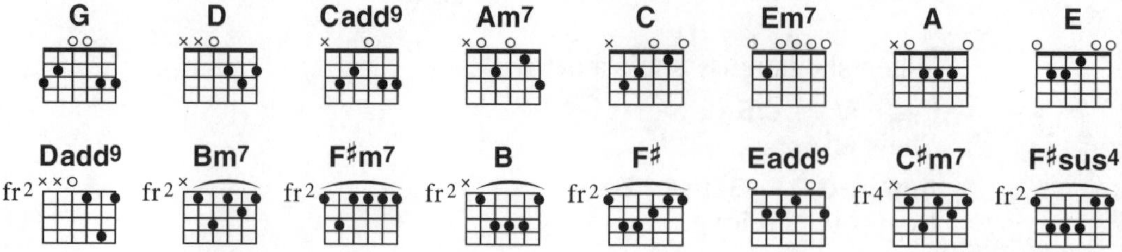

Intro | G | G | G | G ||

Chorus 1

G D
From this moment life has begun,
Cadd9 D
From this moment you are the one.
Cadd9 G
Right beside you is where I belong,
Am7 D G
From this moment on.

Chorus 2

D
From this moment I have been blessed,
Cadd9 D
I live only for your happiness.
Cadd9 G
And for your love I'd give my last breath,
Am7 D Cadd9
From this moment on.

Verse 1

G C
I give my hand to you with all my heart,
D
I can't wait to live my life with you,
G
I can't wait to start.
Cadd9
You and I will never be apart,
Em7 Cadd9 G D
My dreams came true because of you.

```
                       A
Chorus 3      From this moment,
                          E           Dadd9
              As long as I live I will love you.
                E                            Dadd9            A
              I promise you this, there is nothing I wouldn't give,
              Bm7     E         Dadd9
              From this moment on.


Instrumental  | A          | F♯m7       | Dadd9      | E          ||


              A                              D
Verse 2       You're the reason I believe in love,
                   E                                      A          E
              And you're the answer to my prayers from up above.
              A                                 Dadd9
              All we need is just the two of us,
                  F♯m7          Dadd9   A          E
              My dreams came true   because of you.


              N.C.          B
Chorus 4      From this moment,
                          F♯          Eadd9
              As long as I live I will love you,
                F♯                           Eadd9            B
              I promise you this, there is nothing I wouldn't give,
              C♯m7      F♯
              From this moment.
                   Eadd9                B
              I will love you as long as I live,
              C♯m7      F♯        Eadd9    | B  F♯sus4 | B        ||
              From this moment on.
```

Girlfriend

Words & Music by
Paul McCartney

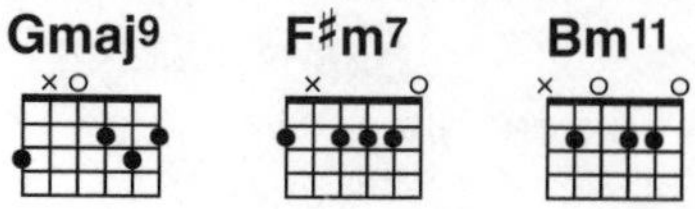

Intro

Gmaj9 F♯m7 Bm11
Shoo be do be doop doop boo ho,

Shoo be do be doop doop der,
Gmaj9 F♯m7 Bm11
Shoo be do be doop doop bee hoo.

Verse 1

Gmaj9 F♯m7
I saw you jump up,
Bm11
You and your friends baby,
Gmaj9 F♯m7 Bm11
When I heard you say they're playin' your jam.
Gmaj9 F♯m7 Bm11
So waving your hand from side to side sugar,
Gmaj9 F♯m7 Bm11
Hear you're claiming you're a certified man.

Bridge 1

Gmaj9 F♯m7
I know it must sound strange,
Bm11
But I pictured us alone,
Gmaj9 F♯m7 Bm11
And you're kissing me in ways I can't tell.
Gmaj9 F♯m7
If my thoughts of you are true,
Bm11
Then I wanna get with you,
Gmaj9 F♯m7 Bm11
So I'll step in while I'm given the chance.

Chorus 1

```
Gmaj9                              F#m7
Do you have a girlfriend?
Bm11
You're looking real cool.
Gmaj9                            F#m7
Can I have your number?
           Bm11
You don't have a thing to lose.
Gmaj9                        F#m7
Do you have a minute?
Bm11
What is on your mind?
Gmaj9                   F#m7
I was just thinkin',
        Bm11
We can spend some time.
```

Interlude As Intro

Verse 2

```
Gmaj9             F#m7
   Heard a slow song,
                  Bm11
You don't waste time baby,
          Gmaj9          F#m7       Bm11
And you asked me if I wanted to dance.
Gmaj9           F#m7          Bm11
Playin' hard to get takes too long sugar,
     Gmaj9                F#m7      Bm11
So I told my friends that I found a man.
```

Bridge 2 As Bridge 1

Chorus 2 As Chorus 1

Middle

Gmaj9
Do ya, do ya,

Do ya have a girlfriend?

You're lookin' real cool.

Do ya, do ya,

Do ya have a minute?

I was just thinkin'.

Do ya, do ya,

Do ya have a girlfriend?

We can spend some time.

Do ya, do ya,

Do ya have a minute?

Are you all alone? Uh huh, uh huh.

Bridge 3 As Bridge 1

Chorus 3 𝄆 As Chorus 1 𝄇 *Repeat to fade*

Goodbye

Words & Music by Richard Stannard, Matt Rowe, Melanie Brown,
Victoria Aadams, Emma Bunton & Melanie Chisholm

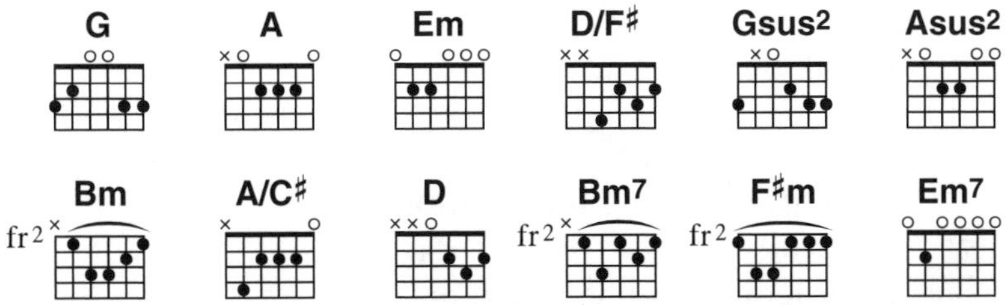

Capo second fret

Intro

```
G                A
No, no, no, no.
G                A
No, no, no, no.
```

Verse 1

```
             Em                          A
Listen little child, there will come a day,
                    Em           A
When you will be able, able to say,
                  Em              A
Never mind the pain or the aggravation,
                       Em
You know there's a better way,
    D/F♯             Gsus2      Asus2
For you and me to be.
Em                                   A
Look for the rainbow in ev'ry storm,
                Em  D/F♯             G    A
Fly like an angel,  heaven sent to me.
```

Chorus 1

```
Bm       A/C♯
  Goodbye my friend,
D
I know you're gone, you said you're gone,
          A/C♯      Bm
But I still feel you here,
       A/C♯
It's not the end.
```

cont.

D   A/C# Bm
You gotta keep it strong before the pain turns into fear.

           A/C#
So glad we made it,

     D   A/C#   Bm7   F#m
Time will never change it, no, no.

G   A
No, no, no, no.

Verse 2

          Em   A
Just a little girl, big imagination.

            Em   A
Never letting no-one take it away.

             Em   A
Went into the world, what a revelation,

                  Em   D/F#   Gsus2   Asus2
She found there's a better way for you and me to be.

Em   A
Look for the rainbow in ev'ry storm.

              Em   D/F#   G
Find out for certain love's gonna be there for you.

                               A
You'll always be someone's baby.

Chorus 2

Bm   A/C#
   Goodbye my friend,

D
I know you're gone, you said you're gone,

         A/C#   Bm
But I still feel you here,

      A/C#
It's not the end.

D   A/C# Bm
You gotta keep it strong before the pain turns into fear.

           A/C#
So glad we made it,

     D   A/C#   Bm7   F#m
Time will never change it, no, no.

G   A
No, no, no, no.

You know it's time to say goodbye.

| Em7 | Asus2 A | Em7 | Asus2 A ||

Middle

Em D/F♯
The times we would play about,

G A
The way we used to scream and shout,

Bm7 A G D/F♯
We never dreamt you'd go your own sweet way.

Em A
Look for the rainbow in ev'ry storm,

Em D/F♯ G
Find out for certain love's gonna be there for you,

A
You'll always be someone's baby.

Chorus 3

Bm A/C♯
Goodbye my friend,

D
I know you're gone, you said you're gone,

A/C♯ Bm
But I still feel you here,

A/C♯
It's not the end.

D A/C♯ Bm
You gotta keep it strong before the pain turns into fear.

A/C♯
So glad we made it,

D A/C♯ Bm7 F♯m
Time will never change it, no, no.

G A
No, no, no, no.

Outro

A
‖: You know it's time to say goodbye,

G
No, no, no, no.

A
And don't forget you can rely,

G
You know it's time to say goodbye,

A
And don't forget on me you can rely.

G
I will help, help you on your way,

A
I will be with you ev'ry day.

G
No, no, no, no. :‖ *Repeat to fade*

Heartbeat

Words & Music by
Jackie James

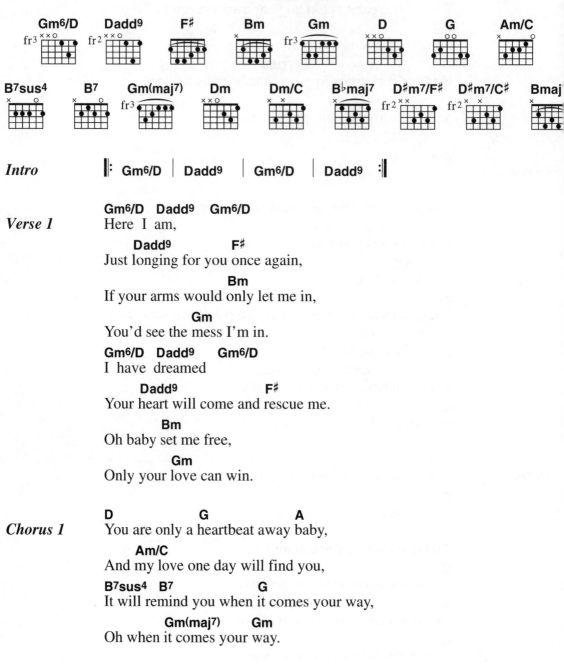

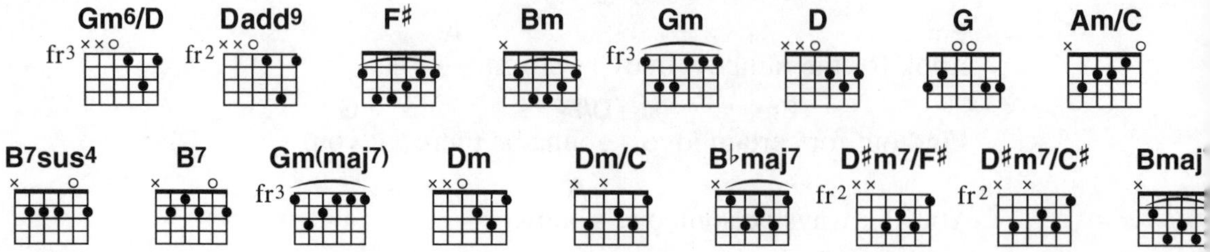

Intro ‖: Gm6/D | Dadd9 | Gm6/D | Dadd9 :‖

Verse 1

```
Gm6/D  Dadd9  Gm6/D
Here  I  am,
      Dadd9            F♯
Just longing for you once again,
                           Bm
If your arms would only let me in,
                 Gm
You'd see the mess I'm in.
Gm6/D  Dadd9    Gm6/D
I  have  dreamed
       Dadd9                 F♯
Your heart will come and rescue me.
            Bm
Oh baby set me free,
               Gm
Only your love can win.
```

Chorus 1

```
D                G                 A
You are only a heartbeat away baby,
      Am/C
And my love one day will find you,
B7sus4  B7                   G
It will remind you when it comes your way,
              Gm(maj7)     Gm
Oh when it comes your way.
```

Verse 2

Gm6/D Dadd9 Gm6/D
Here I am,

Dadd9 F♯
My heart in the palm of your hand,

Bm
Your every wish is my command.

Gm
Darling understand,

Gm6/D Dadd9 Gm6/D
If I live a lie,

Dadd9 F♯
Then all my dreams are doomed to die.

Bm
Oh baby just let me try,

Gm
To have my heart's desire.

Chorus 2

As Chorus 1

Middle

Dm Dm/C B♭maj7
Ooh but my feelings are in vain,

Dm Dm/C B♭maj7
Ooh just like feelings they won't go away,

D♯m7/F♯ D♯m7/C♯ Bmaj7
My love remains.

D♯m7/F♯ D♯m7/C♯ Bmaj7
In my heart we'll always stay.

Chorus 3

As Chorus 1

Chorus 4

D G A
You're always in my heart to stay, baby,

Am/C
Love comes once in a lifetime,

B7sus4 B7 G
I think it's high time our hearts beat as one,

Gm(maj7) Gm
Our hearts beat as one,

D
They beat as one.

High

Music by Paul Tucker & Tunde Baiyewu.
Words by Paul Tucker

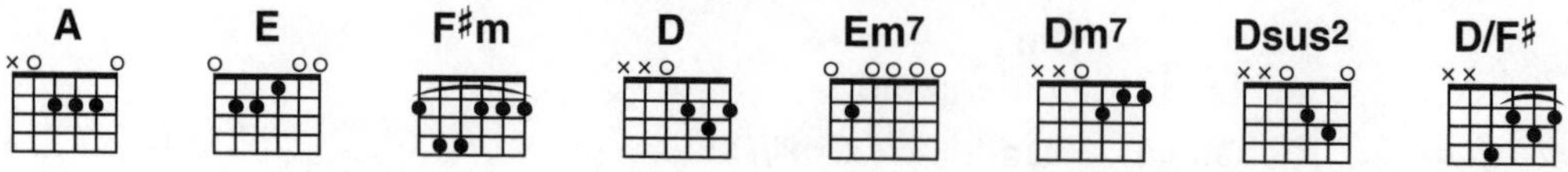

Capo first fret

Intro | A E | F♯m D | A E | F♯m D ||

Verse 1

```
A                   E
When you're close to tears remember,
F♯m             D
Someday it'll all be over,
A                   E        F♯m  D
One day we're gonna get so high.
A               E
Though it's darker than December,
F♯m                D
What's ahead is a diff'rent colour,
A                   E        F♯m  D
One day we're gonna get so high.
```

Bridge 1

```
         Em7
And at  the end of the day,
                  Dm7                              Em7
Remember the days when we were close to the edge,
                              Dm7
And we'll wonder how we made it through,
         Em7
And at   the end of the day,
                 Dm7                            Em7
Remember the way we stayed so close till the end,
                      D    E
But remember it was me and you.
```

Chorus 1

A E
Cause we are gonna be,

F#m D Dsus2
Forever you and me,

A
You will always keep me,

E F#m D
Flying high in the sky of love.

Verse 2

A E
Don't you think it's time you started,

F#m D
Doing what we always wanted,

A E F#m D
One day we're gonna get so high.

A E
'Cause even the impossible,

F#m D
Is easy when we got each other,

A E F#m D
One day we're gonna get so high.

Bridge 2

As Bridge 1

Chorus 2

As Chorus 1

Chorus 3

As Chorus 1

Middle

A E G D/F#
High, high, high, high.

A E G D/F#
High, high, high, high.

Bridge 3

As Bridge 1

Chorus 4

𝄆 As Chorus 1 𝄇 *Repeat to fade*

How Do You Want Me To Love You?

Words & Music by
Carl Sturken & Evan Rogers

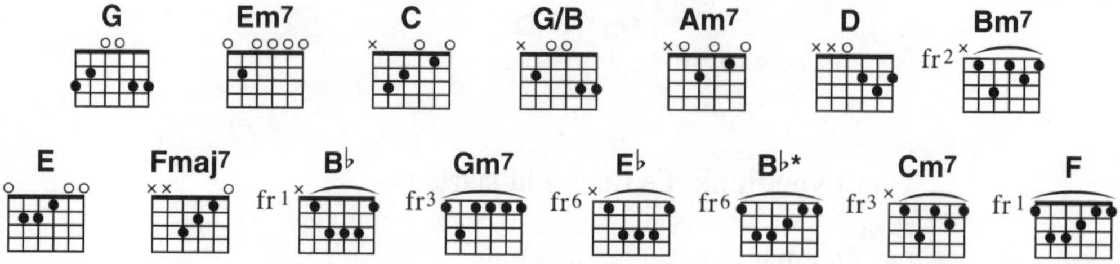

Capo first fret

Intro

```
G          Em7        C   G/B
Alright,  yeah,

Am7   D
Yeah, yeah.

G                                Em7
How do you want me to love you?

                    C        G/B   Am7   D
Oh yeah, yeah.
```

Verse 1

```
G
   Where did you come from,

Em7
   Baby what's your name?

C                          G/B                  Am7      D
   I've got to tell you something, please let me explain.

G                          Em7
   I'm the kind of man  who could treat you right,

C                               G/B               Am7       D
   I'll give you what you need girl ev'ry day, ev'ry night.

Bm7                         E
   Give me a reason, show me a sign,

Am7                                   D
   Just let me know that I'm not wasting my time.

                  Bm7
And I'll give you all that you want,

           E
Be your ev'rything man,

Am7              G               Fmaj7
Your wish will be my command.
```

Chorus 1

```
G                            Em7
How do you want me to love you?
         C            G/B         Am7             D
Take it fast, take it slow, baby let me know.
G                            Em7
How do you want me to love you?
           C                G/B
With my heart, with my soul,
               Am7         D
I'll take you anywhere you want to go.
```

Instrumental

```
| G            | Em7          | C    G/B     | Am7     D    ||
```

Verse 2

```
G
   I look right through you,
Em7
   And you turn away.
C                           G/B                Am7            D
   Tell me how much longer must we both play this game?
G                                Em7
   What's it going to take now,  I've gotta make you see,
C                        G/B              Am7       D
   We should be together girl it's our destiny.
Bm7                               E
   You need a lover who can show you the way,
Am7                                D
   If you gotta problem I can make it okay.
Bm7
   Now that I've found you,
 E
I can't let you go,
   Am7             G                 Fmaj7
So girl won't you just let me know.
```

Chorus 2

```
G                            Em7
How do you want me to love you?
         C            G/B         Am7             D
Take it fast, take it slow, baby let me know.
G                            Em7
How do you want me to love you?
           C                G/B
With my heart, with my soul,
               Am7         D                  | Am7   D ||
I'll take you anywhere you want to go.
```

Middle

B♭ Gm7
How do you want me to love you?
E♭ B♭* Cm7 F
How do you want me to love you?
B♭ Gm7
How do you want me to love you?
E♭ B♭* Cm7 F
How do you want me to love you?

Chorus 3

B♭ Gm7
How do you want me to love you?
E♭ B♭* Cm7 F
Take it fast, take it slow, baby let me know.
B♭ Gm7
How do you want me to love you?
E♭ B♭*
With my heart, with my soul,
Cm7 F
I'll take you anywhere you want to go.

Chorus 4

B♭ Gm7
How do you want me to love you?
E♭ B♭* Cm7 F
Take it fast, take it slow, baby let me know.
B♭ Gm7
How do you want me to love you?
E♭ B♭*
With my heart, with my soul,
N.C.
I'll take you anywhere you want to go.

I Love The Way You Love Me

Words & Music by
Chuck Cannon & Victoria Shaw

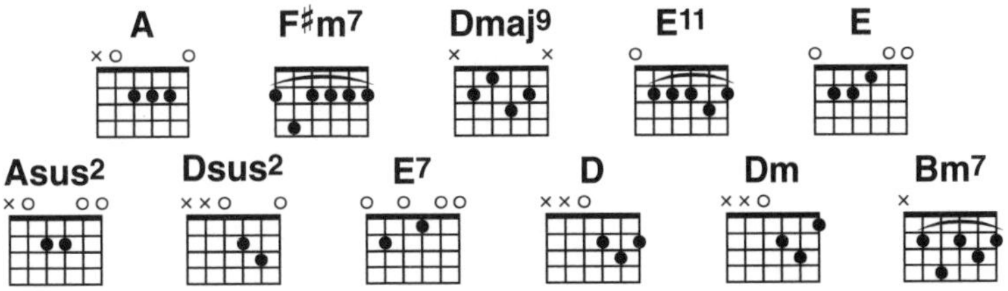

Intro | A | A | F♯m7 |
| Dmaj7 | E11 E | E11 E ||

Verse 1
Asus2
I like the feel of your name on my lips
F♯m7
And I like the sound of your sweet gentle kiss,
Dsus2
The way that your fingers run through my hair
E11 E Dsus2 E7
And how your scent lingers even when you're not there.

Verse 2
Asus2
And I like the way your eyes dance when you laugh
F♯m7
And how you'll enjoy your two-hour bath
Dsus2
And how you convinced me to dance in the rain
E11 E E11 E
With ev'ryone watchin' like we were insane.

```
                     Dmaj9  E7                 A
*Chorus 1*   But I love     the way you love me, oh baby
             Dmaj9          E7
             Strong and wild, slow and easy,
             A              D
             Heart and soul, so completely.
              E11                  A               Dm   E7
             I love the way you love me, yeah.

                  G
*Verse 3*    And I like the sound of old R and B
                 G
             You roll your eyes when I'm slightly off key
             G
             And I like the innocent way that you cry
             G
             From sappy old movies you've seen thousands of times.

                     Dmaj9  E7                 A
*Chorus 2*   But I love     the way you love me, oh baby
             Dmaj9          E7
             Strong and wild, slow and easy,
             A              D
             Heart and soul, so completely,
              E11                  A
             I love the way you love me.
```

Bridge

E
(So listen to me now)

D E
And I could list a million things

A
I'd love to like about you (about you).

D A
But they all come down to one reason,

Bm7 E11 E7
I could never live without you.

Chorus 3

Dmaj9 E7 A
I love the way you love me, oh baby

Dmaj9 E7
Strong and wild, slow and easy,

A D
Heart and soul, so completely,

E11 A E G D
I love the way you love me.

Coda

Dsus2 E11 Asus2
I love the way that you love me.

I Want You Back

Words & Music by
Missy Elliott, Gerard Thomas & Lenny Holmes

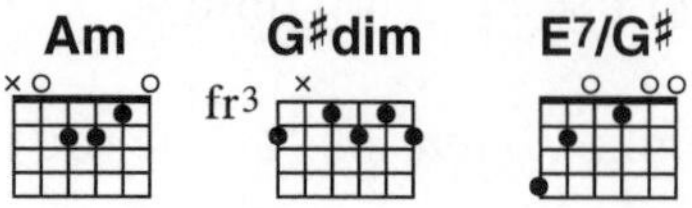

Intro

I'm the M to the E L B ya know me.

I'm the M I S S Y to the E.

And I got many flows from overseas.

Well how can you 'beep beep' with no keys?

Am
I got spice, I'm tight with my flows.

G♯dim
And all my flows been known to throw blows.

Am
Well let me hit this one before I go.

G♯dim
Well I'm a let you go if you say so. Ow!

Verse 1

Am **G♯dim**
Boy I'm sick of you. Who me?

Yes me, yeah ya know I'm a fool.

Am
Oh I'm a fool for you,

G♯dim
'Cause I keep takin' you back as though I'm stupid like that.

Am
Yeah, yeah, you know we're through,

G♯dim
But I can't say 'no' and I never said 'no'.

Am
I can't say no to you,

G♯dim
Because you treat me wack, in fact I want you back, oh!

Chorus 1

Am G♯dim
I think I want you back, your love has made a deep impact.

Am G♯dim
I know it might sound wack, but damn I think I want you back.

Am G♯dim
I think I want you back, your love has made a deep impact.

Am G♯dim
I know it might sound wack, but damn I think I want you, want you back.

Verse 2

Am G♯dim
Boy I'm tired of you runnin' over me,

Tellin' me what to do.

Am G♯dim
Now what have I done to you to make you sex a lot,

I thought I made you hot.

Am
Now don't make me act a fool,

G♯dim
I know I talk mad junk but I know what I want.

Am G♯dim
What I truly want is you, and even though you're a mack,

True dat I want you back, oh!

Chorus 2

As Chorus 1

Middle

Am E7/G♯
You got me losin' my mind, my mind,

Am E7/G♯
You can't keep breakin' my heart.

Am E7/G♯
You got me drinkin' liquor in the monin',

Am E7/G♯
And sittin' all night at the bar.

Chorus 3 & 4

𝄆 As Chorus 1 𝄇

Outro

𝄆 Am | G♯dim | Am | G♯dim 𝄇 *Repeat to fade*

Perfect 10

Words & Music by
Paul Heaton & Dave Rotheray

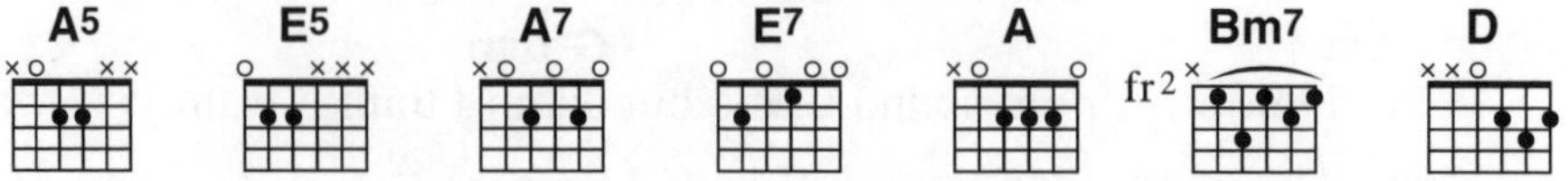

Intro ‖: A5 | A5 | A5 | E5 :‖

Verse 1

A7
She's a perfect ten,
But she wears a twelve,
                                        E7
Baby keep a little two for me.
A7
She could be sweet sixteen,
Busting out of the seams,
                                        E7
It's still love in the first degree.
A7
When he's at my gate,
With a big fat eight,
                                                  E7
You wanna see the smile on my face.
A7
And even at my door,
With a poor, poor four,
                                        E7
There ain't no man can replace.

Chorus 1

                              A   Bm7
Cos we love our love in different sizes,
                    D   A
I love her body especially the lines.
                                                   Bm7
Time takes it's toll but not on the eyes,
                     E7   A
Promise me this, take me tonight.

Verse 2

```
A7
   If he's extra large,
Well I'm in charge,
                                  E7
I can work this thing on top.
A7
   And if he's XXL,
Well what the hell,
                                   E7
If the penny don't fit the slot.
A7
   The anorexic chicks,
The model six,
                                          E7
They don't hold no weight with me.
A7
   Well eight or nine,
Well that's fine,
                                            E7
But I like to hold something I can see.
```

Chorus 2 As Chorus 1

Verse 3

```
A7
   I've bought a watch,
To time your beauty,
                                      E7
And I've had to fit a second hand.
A7
   I've bought a calendar,
And ev'ry month
                              E7
It's taken up by lover man.
```

Chorus 3 As Chorus 1

Instrumental ‖: A7 | A7 | A7 | E7 :‖

Chorus 4 As Chorus 1

Turn Back Time

Words & Music by
Soren Rasted, Claus Norreen, Johnny Pederson & Karsten Delgado

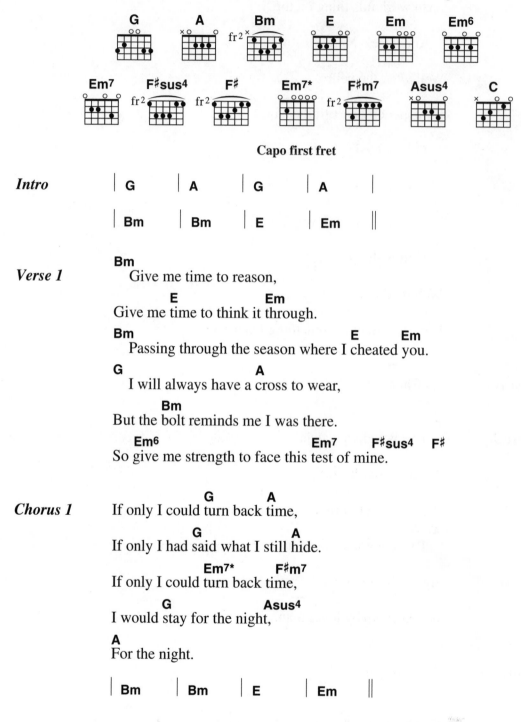

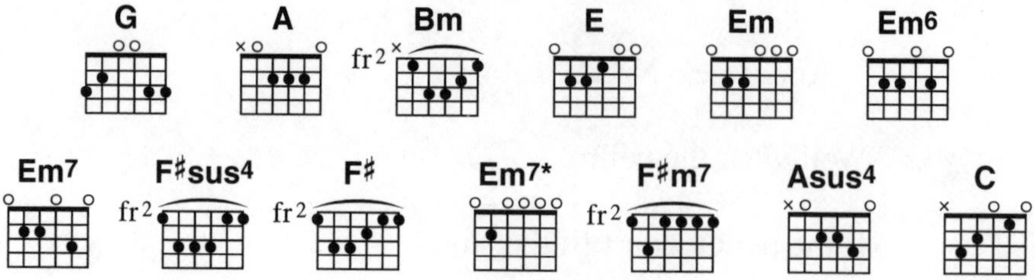

Capo first fret

```
Intro       | G     | A     | G     | A     |
            | Bm    | Bm    | E     | Em    ||

            Bm
Verse 1       Give me time to reason,
                      E                 Em
            Give me time to think it through.
            Bm                                      E       Em
              Passing through the season where I cheated you.
            G                   A
              I will always have a cross to wear,
                    Bm
            But the bolt reminds me I was there.
               Em6                               Em7     F♯sus4   F♯
            So give me strength to face this test of mine.

                                    G           A
Chorus 1    If only I could turn back time,
                                  G                 A
            If only I had said what I still hide.
                                    Em7*        F♯m7
            If only I could turn back time,
                        G               Asus4
            I would stay for the night,
            A
            For the night.

            | Bm    | Bm    | E     | Em    ||
```

Verse 2

```
Bm
   Claim your right to science,
                E                   Em
Claim your right to see the truth,
Bm
   Though my pangs of conscience,
               E        Em
Will drill a hole in you.
G                                      A
   I've seen you coming like a thief in the night,
              Bm
I've seen it coming from the flash of your light.
   Em6                                     Em7        F#sus4    F#
So give me strength to face this test of mine.
```

Chorus 2

```
                    G          A
If only I could turn back time,
                   G                    A
If only I had said what I still hide.
                    Em7*          F#m7
If only I could turn back time,
             | Bm          | Bm          | C           | C          ||
I would stay.
```

Middle

```
     Bm                                    C
The bolt reminds me I was there.
     Bm
The bolt reminds me I was there.
```

Chorus 3

```
                        G          A
||: If only I could turn back time,
                   G                    A
If only I had said what I still hide.
                    Em7*          F#m7
If only I could turn back time,
          G                     Asus4   A
I would stay for the night.               :||      Repeat to fade
```

Praise You

Words & Music by
Norman Cook & Camille Yarborough

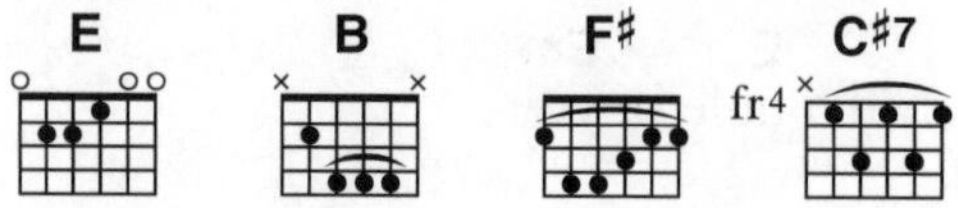

Capo second fret

Intro ‖: E B | F♯ | E B | F♯ :‖

Verse 1
E B F♯
We've come a long, long way together
E B F♯
Through the hard times and the good.
E B F♯
I have to celebrate you, baby,
E B F♯
I have to praise you like I should.

Link 1 ‖: E B | F♯ | E B | F♯ :‖ *Play 4 times*

| N.C. | N.C. | N.C. | N.C. |

‖: E B | F♯ | E B | F♯ :‖

Verse 2 As Verse 1

Chorus 1
E B F♯
I have to praise you,
E B F♯
I have to praise you,
E B F♯
I have to praise you,
E B F♯
I have to praise you like I should.

```
                  C#7          F#  B  | C#7     F#    B  | C#7     F#    B  |
Bridge 1  I have to praise you,
          C#7  F#     B  C#7          F#  B  | C#7     F#    B  | C#7     F#    B  |
               I have to  praise you,
          C#7  F#     B  C#7          F#    B
               I have to  praise you,
                          (Na     na na na na na,
          C#7        F#     B
          Na na na na na na.
          C#7        F#     B
          Na na na na na na.
          C#7        F#     B
          Na na na na na na.
          C#7        F#     B
          Na na na na na na.
          C#7        F#     B
          Na na na na na na.
          C#7        F#     B
          Na na na na na na.
          C#7          F#     B  E            B   F#
                       I have to  praise you.
          Na na na     na.)

Link 2    | E   B  | F#      | E   B  | F#      | E   B  | F#      ||

          | N.C.   | N.C.   | N.C.   | N.C.   |

                            E          B         F#
Verse 3   We've come a long, long way together
                          E          B        F#
          Through the hard times and the good.
                      E    B           F#
          I have to  celebrate you, baby,
                     N.C.
          I have to  praise you like I should.

          | N.C.   | N.C.   | N.C.   | N.C.   ||
```

Chorus 2

```
               E           B     F#
I have to praise you,
               E           B     F#
I have to praise you,
               E           B     F#
I have to praise you,
               E           B     F#
I have to praise you,
               E           B     F#
I have to praise you,
               E           B     F#
I have to praise you,
               E           B     F#
I have to praise you,
               E           B     F#
I have to praise you like I should.
```

Bridge 2

```
              C#7          F#  B  | C#7      F#    B  | C#7      F#    B  |
I have to praise you,
C#7   F#    B  C#7        F#  B  | C#7      F#    B  | C#7      F#    B  |
     I have to  praise you,
C#7   F#    B  C#7          F#    B
     I have to  praise you,
               (Na     na na na na na,
C#7      F#    B
Na na na na na na.
C#7      F#    B
Na na na na na na.
C#7      F#    B
Na na na na na na.
C#7      F#    B
Na na na na na na.
C#7      F#    B
Na na na na na na.
C#7      F#    B
Na na na na na na.
C#7        F#     B  N.C.
           I have to  praise you.
Na na na    na.)
```

Un-Break My Heart

Words & Music by
by Dianne Warren

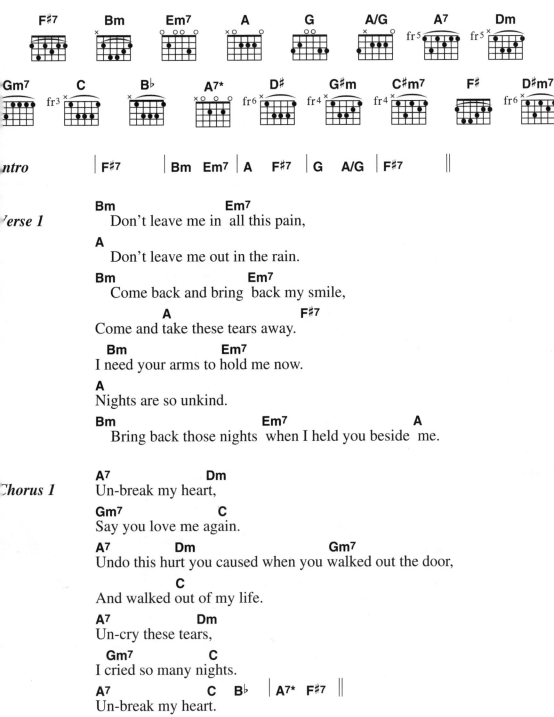

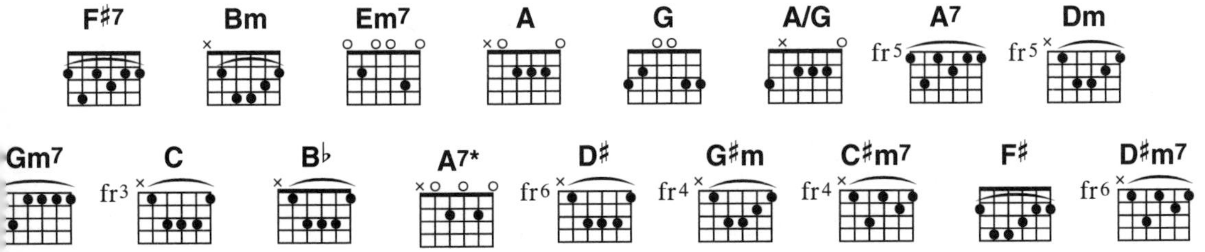

Intro | F♯7 | Bm Em7 | A F♯7 | G A/G | F♯7 ||

Verse 1

Bm Em7
Don't leave me in all this pain,
A
Don't leave me out in the rain.
Bm Em7
Come back and bring back my smile,
A F♯7
Come and take these tears away.
Bm Em7
I need your arms to hold me now.
A
Nights are so unkind.
Bm Em7 A
Bring back those nights when I held you beside me.

Chorus 1

A7 Dm
Un-break my heart,
Gm7 C
Say you love me again.
A7 Dm Gm7
Undo this hurt you caused when you walked out the door,
C
And walked out of my life.
A7 Dm
Un-cry these tears,
Gm7 C
I cried so many nights.
A7 C B♭ | A7* F♯7 ||
Un-break my heart.

Verse 2

Bm Em7
Take back that sad word goodbye,

A
Bring back the joy to my life.

Bm Em7
Don't leave me here with all these tears,

A F♯7
Come and kiss the pain away.

Bm Em7
I can't forget the day you left.

A
Time is so unkind.

Bm Em7 A
And life is so cruel without you here beside me.

Chorus 2

A7 Dm
Un-break my heart,

Gm7 C
Say you love me again.

A7 Dm Gm7
Undo this hurt you caused when you walked out the door,

C
And walked out of my life.

A7 Dm
Un-cry these tears,

Gm7 C
I cried so many nights.

A7 C B♭ | D♯ ||
Un-break my heart.

Instrumental | G♯m C♯m7 | F♯ D♯m7 | G♯m C♯m7 | F♯7 ||

Bridge

Bm Em7
Don't leave me in all this pain.

A
Don't leave me out in the rain.

Bm Em7 A
Bring back those nights when I held you beside me.

```
            A7              Dm
Chorus 3    Un-break my heart,

            Gm7              C
            Say you love me again.

            A7          Dm                     Gm7
            Undo this hurt you caused when you walked out the door,

                        C
            And walked out of my life.

            A7            Dm
            Un-cry these tears,

              Gm7          C
            I cried so many nights.

            A7           Dm               Gm7
            Un-break my,  un-break my heart,  sweet baby.

            C                    A7           Dm
              Come back and say  you love me.

                         Gm7             C
            Un-break my heart sweet darling.

                          A7          Dm  Gm7 | C   A7  ||
            Without you I just can't go on.


Outro       ||: Dm  Gm7 | C   A7  | Dm  Gm7 | C   A7  :||  Repeat to fade
```

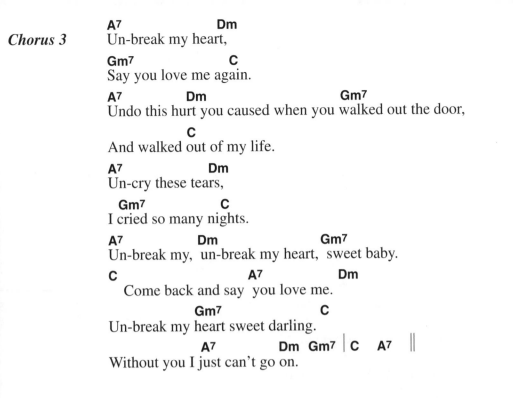

What Can I Do

Words & Music by
Andrea Corr, Caroline Corr, Sharon Corr & Jim Corr

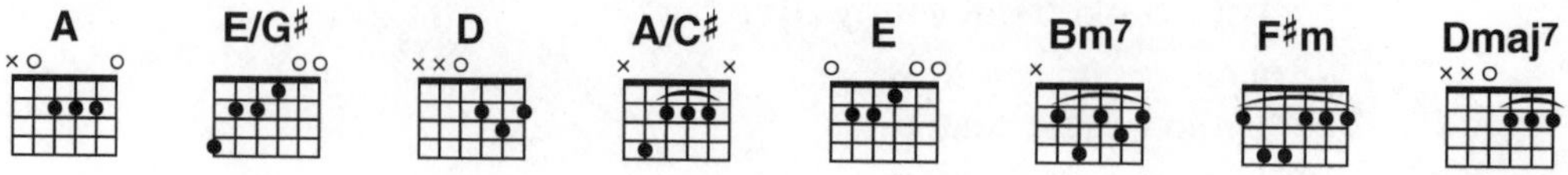

Intro

A E/G♯
Do do do do do do do do
D
Do do do do do do,
A/C♯ E
Do do do do do do do do
Bm7
Do do do do do do.

Verse 1

A E/G♯ D
I haven't slept at all in days
A/C♯ E Bm7
It's been so long since we've talked
A E/G♯ D
And I have been here many ti____ mes
A/C♯ E Bm7
I just don't know what I'm doing wrong.

Chorus 1

A E/G♯ D
What can I do to make you love me?
A/C♯ E Bm7
What can I do to make you care?
A E/G♯ D
What can I say to make you feel this?
A/C♯ E Bm7
What can I do to get you there?

Verse 2

A E/G♯ D
There's only so much I can take
A/C♯ E Bm7
And I just got to let it go,
A E/G♯ D
And who knows I might feel better, yea - - eah
A/C♯ E Bm7
If I don't try and I don't hope.

Chorus 2

As Chorus 1

Bridge

F♯m Dmaj7 E Dmaj7 E
No more waiting, no more aching ____
F♯m Dmaj7 E Dmaj7 E
No more fighting, no more trying ____

Verse 3

A D
Maybe there's nothing more to say
A E Bm7
And in a funny way I'm caught
A E D
Because the power is not mine
A E Bm7
I'm just gonna let it fly.

```
            A          E             D
Chorus 3    What can I do to make you love me?
            A          E             Bm7
            What can I do to make you care?
            A          E              D
            What can I say to make you feel this?
            A          E           Bm7
            What can I do to get you there?


            A          E             D
Chorus 4    What can I do to make you love me?
            A          E             Bm7
            What can I do to make you care?
            A          E              D
            What can I change to make you feel this?
            A          E           Bm7                     Dmaj7  E  F#m E
            What can I do to get you there and lo - ove me?________ (love me).

                      Dmaj7 E    F#m E
Coda        Lo - o  - o - ve me,  love me.  Repeat to fade
```

BEST POP CHORD SONG BOOK

PART THREE

All That I Need

Words & Music by
Evan Rogers & Carl Sturken

C G Am7 Dm7 G11 Am F B♭maj7

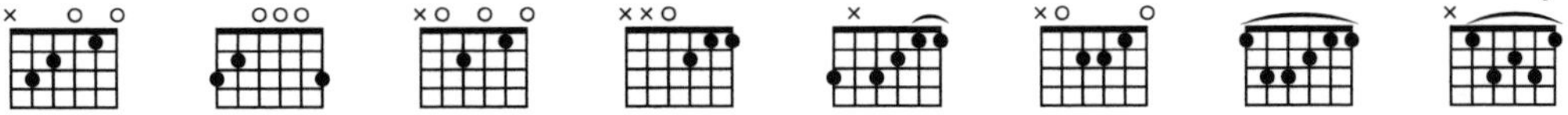

Intro | C | G | Am7 | Dm7 G11 ‖

Verse 1
C G
I was lost and alone
Am7
Trying to grow,
Dm7 G11 C
Making my way down that long winding road.
G
Had no reason or rhyme
Am7
Like a song out of time
Dm7 G11 C
And there you are standing in front of my eyes.
G
How could I be such a fool
Am7 Dm7 G
To let go of love and break all the rules?
C G
Girl, when you walked out that door
Am7 Dm7 G11
Left a hole in my heart and now I know for sure.

Chorus 1
C G
You're the air that I breathe,
Am7
Girl, you're all that I need,
Dm7 G11
And I wanna thank you lady.
C G
You're the words that I read,
Am7
You're the light that I see,
Dm7 G11
And your love is all that I need.

Link | C | G | Am7 | Dm7 G11 ||

```
            C                   G
Verse 2     I was searching in vain,
                          Am7
            Playing your game
                         Dm7          G11          C
            Had no-one else but myself left to blame.
                                 G
            You came into my world,
                                 Am7
            No diamonds or pearls
                          Dm7               G11            C
            Could ever replace what you gave to me, girl.

              C          G
Prechorus 2   Just like a castle of sand,
                    Am7
              Girl, I almost let love
                  Dm7           G
              Slip right out of my hand.
              C              G
              And just like a flower needs rain
                   Am7
              I will stand by your side
                         Dm7        G11
              Through the joy and the pain.
```

Chorus 2

C G
You're the air that I breathe,
Am7
Girl, you're all that I need,
Dm7 G11
And I wanna thank you lady
C G
you're the words that I read,
Am7
You're the light that I see
Dm7 G11
And your love is all that I need.

Instr. Solo | Am | F | B♭maj7 | Dm7 G11 ||

Chorus 3 As Chorus 1

Coda

C G
You're the song that I sing,
Am7
Girl, you're my everything
Dm7 G11
And I wanna thank you lady.
C
You're all that I needed, girl,
G
You're the air that I breathe, yeah
Am7 Dm7 G11
And I wanna thank you, lady. *Repeat to fade*

Because We Want To

Words & Music by
Dion Rambo, Jacques Richmond, Wendy Page & James Marr

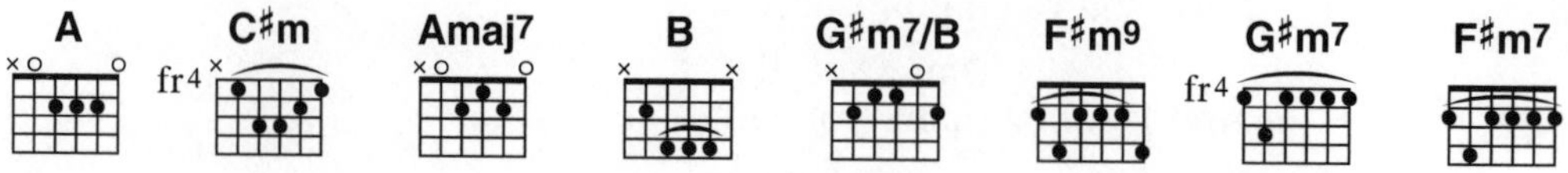

Intro

N.C.
We can do anything that we want,

We can do anything that we want,

We can do anything that we want,

We can do anything that we want.

Chorus 1

A
Why you gotta play that song so loud?
C♯m
(Because we want to! Because we want to!)
A
Why you always run around in crowds?
C♯m
(Because we want to! Because we want to!)
A
Why do you always have to dance all night?
C♯m
(Because we want to! Because we want to!)
A
Why d'ya always say what's on your mind?
C♯m
(Because we want to! Because we want to!)

Verse 1

Amaj7 B C♯m
Don't try to tell me what I already know,
Amaj7 B C♯m
Don't criticise me 'cause I'm runnin' the show.
Amaj7 B G♯m7/B C♯m
Some revolu - tion is gonna happen today,
Amaj7 B
I'm gonna chase the dark clouds away,
C♯m
Come on and help me sing it.

Pre-chorus 1

```
F#m9     G#m7           C#m
We can do what we want to do,

We can do anything.
Amaj7    G#m7          F#m7
Free to be who we want to be,
     G#m7
Just tell yourself you can do it.
```

Chorus 2 As Chorus 1

Verse 2

```
                  Amaj7   B          C#m
I'll throw a par  -  ty__ for the world and my friends,
                     Amaj7  B          C#m
We'll take life eas  -  y__ the music never ends.
                Amaj7  B        G#m7/B       C#m
Perfect solu  -  tion to the stress and the strain,
  Amaj7          B
I know the sun will follow the rain,
C#m
   Come on and help me sing it.
```

Pre-chorus 2 As Pre-chorus 1

Chorus 3 As Chorus 1

Middle

```
| A       | C#m     | A       | C#m
    A
So shake it, move it, use the groove,
   C#m
Go__ with the flow and take over the show
                A
And let me say it's sweet and it's an upbeat.
C#m
Me and the crew, there's nothing we can do.

A                C#m
Hey hey hey,  hey hey hey.
                 A
If you wanna catch this vibe then get with us,
C#m
   Come on and help me sing it.
```

Pre-chorus 3

```
F♯m9      G♯m7            C♯m
We can do what we want to do,

We can do anything.
Amaj7    G♯m7             F♯m7
Free to be who we want to be,
    G♯m7
Just tell yourself you can do it.
```

Chorus 4

```
    A
𝄆 Why you gotta play that song so loud?
             C♯m
(Because we want to! Because we want to!)
A
Why you always run around in crowds?
             C♯m
(Because we want to! Because we want to!)
             A
Why do you always have to dance all night?
             C♯m
(Because we want to! Because we want to!)
            A
Why d'ya always say what's on your mind?
             C♯m
(Because we want to! Because we want to!) 𝄇    Repeat to fade
```

Cruel Summer

Words & Music by
Steve Jolley, Tony Swain, Siobhan Fahey, Keren Woodward & Sarah Dallin

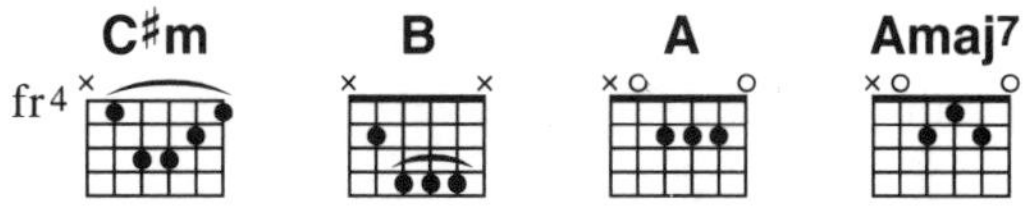

Intro

C♯m B A B C♯m
Mm, ________

B A B C♯m
Ah, ________

B A B C♯m
Mm, ________

B A B
Ah, ____

Verse 1

C♯m
Hot summer streets

B A B
And the pavements are burning,

C♯m B A B
I sit around

C♯m B A
Trying to smile, but the air

B C♯m B A B
Is so heavy and dry.

Verse 2

C♯m B A
Strange voices are singing,

B C♯m
Ah, what did they say?

B A B A B
Things I can't understand.

C♯m B
It's too close for comfort,

A B Amaj7 B A B
This heat has got right out of hand.

```
                C#m         A          B         A
Chorus 1   It's a cruel, (cruel,) cruel summer,
           C#m  A         B
             Leaving me here on my own.
           A         C#m                A         B
           It's a cruel, (it's a cruel,) cruel summer,
           A               C#m
           Now you're gone.
                 A         B
           You're not the on - ly one.
           A         (C#m)  (A)  (C#m)  (A)
           It's a cruel.


              C#m         B
Verse 3    The city is crowded,
                 A
           My friends are away,
           B         C#m            B  A  B
           And I'm on my own.
              C#m          B
           It's too hot to handle,
              A            B          Amaj7  B           A  B
           So I__  gotta get up and go,          up and go. ____


                C#m         A          B         A
Chorus 2   It's a cruel, (cruel,) cruel summer,
           C#m  A         B
             Leaving me here on my own.
           A         C#m                A         B
           It's a cruel, (it's a cruel,) cruel summer,
           A               C#m
           Now you're gone.
                 A         B
           You're not the only one.
                C#m        A         B
           It's a cruel, (cruel,) cruel summer,
           A            C#m     A         B
           (Leaving me,) leaving me here on my own.
           A         C#m                A         B
           It's a cruel, (it's a cruel,) cruel summer,
           A               C#m
           Now you're gone.
                 A         B
           You're not the on - ly one.
           A         C#m
           It's a cruel…
           B       A     B    N.C.
             Mm, _______   ah.
```

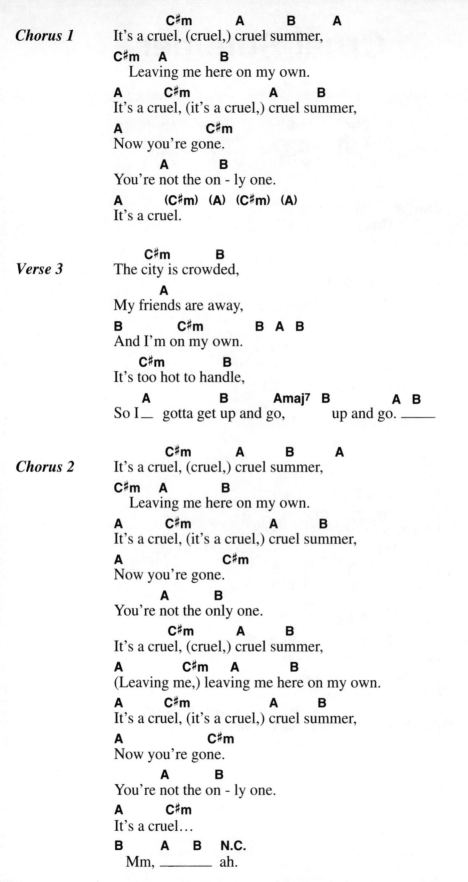

Middle

```
C#m                 A              B
   Now don't you leave me, mm,

                  A
Now don't you leave me,

C#m                 A
   Now don't you leave me.

        B          A
Come on, come on.

C#m                 A              B
   Now don't you leave me, mm,

                  A
Now don't you leave me,

Amaj7               B
   Now don't you leave me,

        Amaj7  B
Come on,      come on.
```

Chorus 3

```
         C#m          A        B
It's a cruel, (cruel,) cruel summer,

A              C#m    A          B
(Leaving me,) leaving me here on my own.

A        C#m                 A        B
It's a cruel, (it's a cruel,) cruel summer,

A                 C#m
Now you're gone.

        A         B
You're not the on - ly one.

A        C#m          A        B       A  C#m  A
It's a cruel, (cruel,) cruel summer,

      B        A    C#m
It's a cruel summer.

                A        B       A  C#m  A
(It's a cruel,) cruel summer,

      B        A    C#m
It's a cruel summer.
```

Dreams

Words & Music by
Stevie Nicks

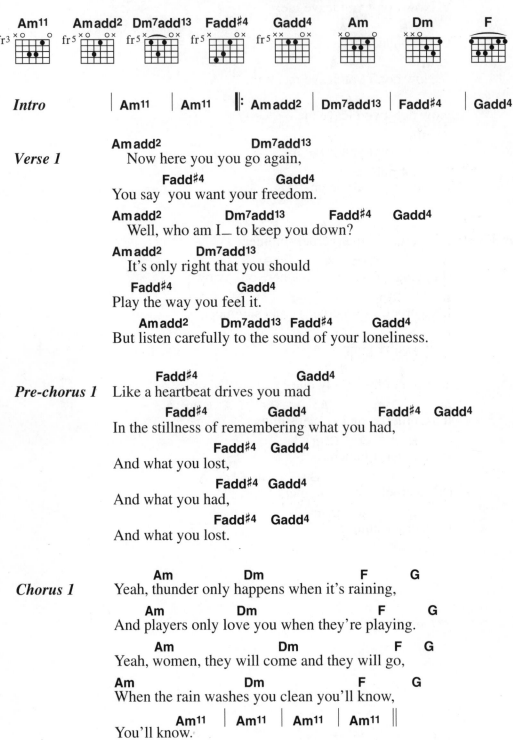

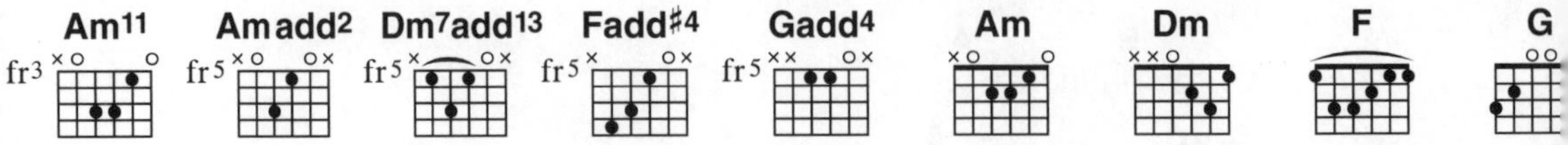

Intro | Am11 | Am11 |: Amadd2 | Dm7add13 | Fadd♯4 | Gadd4 :|

Verse 1

Amadd2 Dm7add13
Now here you you go again,
Fadd♯4 Gadd4
You say you want your freedom.
Amadd2 Dm7add13 Fadd♯4 Gadd4
Well, who am I_ to keep you down?
Amadd2 Dm7add13
It's only right that you should
Fadd♯4 Gadd4
Play the way you feel it.
Amadd2 Dm7add13 Fadd♯4 Gadd4
But listen carefully to the sound of your loneliness.

Pre-chorus 1

Fadd♯4 Gadd4
Like a heartbeat drives you mad
Fadd♯4 Gadd4 Fadd♯4 Gadd4
In the stillness of remembering what you had,
Fadd♯4 Gadd4
And what you lost,
Fadd♯4 Gadd4
And what you had,
Fadd♯4 Gadd4
And what you lost.

Chorus 1

Am Dm F G
Yeah, thunder only happens when it's raining,
Am Dm F G
And players only love you when they're playing.
Am Dm F G
Yeah, women, they will come and they will go,
Am Dm F G
When the rain washes you clean you'll know,
Am11 | Am11 | Am11 | Am11 ||
You'll know.

| Am add2 | Dm7add13 | Fadd♯4 | Gadd4 ||

Verse 2

Am add2 Dm7add13
Now here I go again,

Fadd♯4 Gadd4
I see the crystal vision,

Am add2 Dm7add13 Fadd♯4 Gadd4
But I keep my visions to myself.

Am add2 Dm7add13 Fadd♯4 Gadd4
Well, it's only me, that wants to wrap around your dreams,

Am add2 Dm7add13 Fadd♯4
And have you any dreams you'd like to sell?

Dm7add13
Dreams of loneliness.

Pre-chorus 2

Fadd♯4 Gadd4
Like a heartbeat drives you mad

Fadd♯4 Gadd4 Fadd♯4 Gadd4
In the stillness of remembering what you had,

Fadd♯4 Gadd4
And what you lost,

Fadd♯4 Gadd4
And what you had,

Fadd♯4 Gadd4
And what you lost.

Chorus 2

Am Dm F G
Yeah, thunder only happens when it's raining,

Am Dm F G
And players only love you when they're playing.

Am Dm F G
Yeah, women, they will come and they will go,

Am Dm F G
When the rain washes you clean you'll know,

Am Dm
You'll know,

F G
You'll know, ___

Am Dm
You'll know,

F G
You'll know,

N.C.
You'll know.

Heartbeat drives you mad,

Remember what you had.

Each Time

Words & Music by
Brian Harvey, John Hendy, Terry Coldwell, Mark Reid, Ivor Reid & Jon Beckford

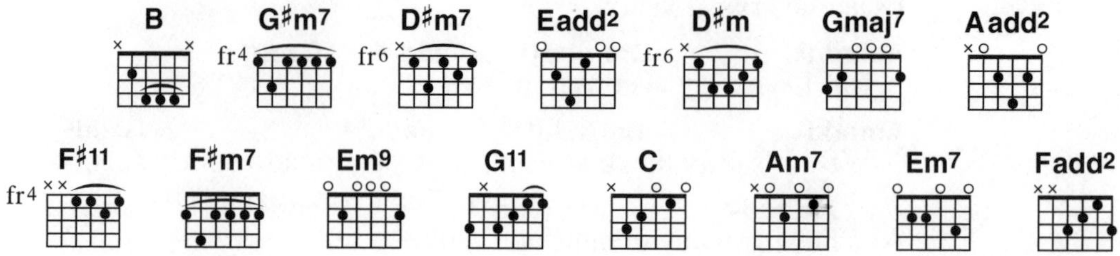

Intro | B | G♯m7 ||

D♯m7
Please come back,

Eadd2 B G♯m7
I miss you baby, come on each time,

D♯m Eadd2
Oh yeah,

B
Come on each time,

G♯m7
I said you blow my mind,

D♯m7 Eadd2
Oh yeah, ooh.

Verse 1

B G♯m7
Have you heard of a saying that those who are paying?

D♯m7 Eadd2
You don't know what you got till it's gone.

B G♯m7
Well, there was my calling, I knew I was falling

D♯m7 Eadd2
Into something that would be so wrong.

Gmaj7
But I got hold of myself

And changed for the better,

Aadd2
I can't get you out of my mind.

Gmaj7
'Cause something inside

F♯11
Made me realise you were fine.

```
                         B
Chorus 1     Each time when we're alone,
                        G#m7                      D#m7
             I guess I didn't know how far we were apart.
                                      Eadd2
             Should have spoken to my heart.
                        B
             I guess I didn't know
                                   G#m7        D#m7
             That each time you go away I'd cry.
                Eadd2                         B
             Oh, I can't take all these good-byes.


                                           G#m7
Verse 2      I know from this feeling inside there's a feeling,
             D#m7                    Eadd2
             I know that I'm in control.
                 B                     G#m7
             Everyday I am yearning, this love I feel burning,
             D#m7                            Eadd2
             Burning right through my soul.
                Gmaj7
             So let's make the start
                                             Aadd2
             Of something that cannot be broken

             The mould is so strong.
                     Gmaj7
             Treat this love as a child
                                                F#11
             Then grows into something worthwhile.


                         B
Chorus 2     Each time when we're alone,
                        G#m7                      D#m7
             I guess I didn't know how far we were apart.
                                      Eadd2
             Should have spoken to my heart.
                        B
             I guess I didn't know
                                   G#m7        D#m7
             That each time you go away I'd cry.
                Eadd2
             Oh, I can't take all these goodbyes.
```

Middle

Gmaj7
Deep love, so deep,
F♯m7
Deep love, so deep, yeah,
Gmaj7 F♯m7
I can't take all these good-byes.
Gmaj7
Gratefully I will be,
F♯m7
You will see, please believe me.
Em2 F♯11 G11
Oh, I can't take all these good-byes. ______

Chorus 3

C
Each time when we're alone,
Am7 Em7
I guess I didn't know how far we were apart.
Fadd2
Should have spoken to my heart.
C
I guess I didn't know,
Am7 Em7
Each time you go away I'll cry.
Fadd2
Oh, I can't take all these…

Repeat Chorus ad lib. to fade

Got The Feelin'

Words & Music by Richard Stannard, Julian Gallagher,
Sean Conlon, Jason Brown & Richard Breen

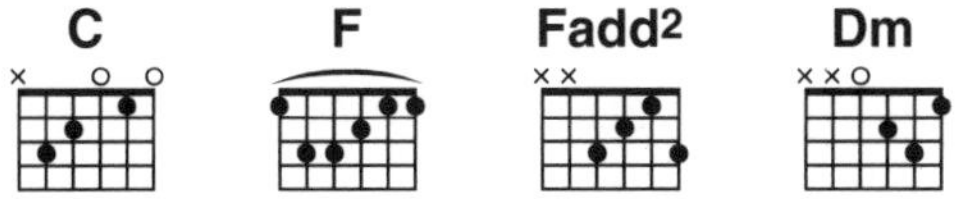

Intro

C F
𝄆 Na na na, na_ na na,
C F
Na na na, na_ na na na. 𝄇 *Play 4 times*

Verse 1

C F
Here we go again with the beats,
C F
We got your heads boppin' now you're talking from your seats.
C
If this is what you're wantin' over there,
F
Throw your hands up in the air,
C F
Because you know we bring the sound so unique.
C F
Now ev'rybody's movin' 'n' ev'rybody's groovin',
C F
Gettin' down with Five when we come your way.
C F
Move it to the left, now you shake it to the right,
C F
Because you know we gotta keep this party boppin' through the night.

Check me out. Yo!

Pre-chorus 1

C F
Seven six five four three two one,
C F
I'm on the microphone, got ya hot like the sun.
C F
So a-one two three, now I'm waiting on the four,
C F
Kick down the door and turn it up a little more.

```
            C                F
Chorus 1    If you've got the feelin', jump up to the ceilin',
              C                    F
            Oh, we're gettin' down tonight.
                 C                F
            And one if you're gonna, two if you wanna,
               C                  F
            Three 'cos ev'rything's alright.
                 C               F
            If you've got the feelin', less of the dreamin',
              C                    F
            Oh, we're gettin' down tonight.
                C                F
            It's just 'round the corner, tell me if you wanna,
              C                    F
            Five will make you feel alright.

Link        | C   Fadd2 | C   Fadd2 ||

            C                F
Verse 2     Move it at the back to the track,
                              C                      F
            We got it going on, we're the leaders of the pack.
                              C
            And if you feel alright, hold it tight,
            F
            See we wanna carry on,
                          C                      F
            'Cos we're gonna take you through into the dawn.
                              C               F
            Now everybody's movin', everybody's groovin',
                               C                   F
            Gettin' down with Five when we come your way.
                               C                F
            So raise up your arms, as we drop it on the one,
                                         C                       F
            You see we're gonna carry on because the fun has just begun.

            Check us out. Yo!

Pre-chorus 2  As Pre-chorus 1

Chorus 2    As Chorus 1
            C  Dm  C  Dm     C  Dm  C  Dm
            Oh, ________     oh, ________
```

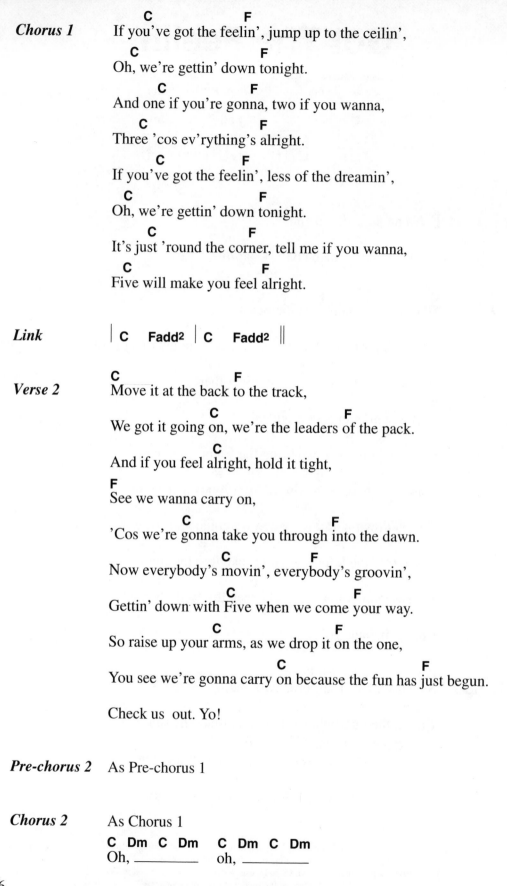

Middle

```
C           F
Na na na, na__ na na,
C           F
Na na na, na__ na na na.
C           F
Na na na, na__ na na,
C           F
Na na na, na__ na na na.
C           Fadd2
Na na na, na__ na na,
C           Fadd2
Na na na, na__ na na na.
C           Fadd2
Na na na, na__ na na,
C           Fadd2
Na na na, na__ na na na.
```

Chorus 3

```
    C                  Fadd2
If you've got the feelin', jump up to the ceilin',
  C                    Fadd2
Oh, we're gettin' down tonight.
     C                  Fadd2
And one if you're gonna, two if you wanna,
  C                    Fadd2
Three 'cos ev'rything's alright.
    C                  Fadd2
If you've got the feelin', less of the dreamin',
  C                    Fadd2
Oh, we're gettin' down tonight.
    C                   Fadd2
It's just 'round the corner, tell me if you wanna,
  N.C.
Five will make you feel alright.
```

Chorus 4 As Chorus 1

Chorus 5 As Chorus 3

Immortality

Words & Music by
Barry Gibb, Robin Gibb & Maurice Gibb

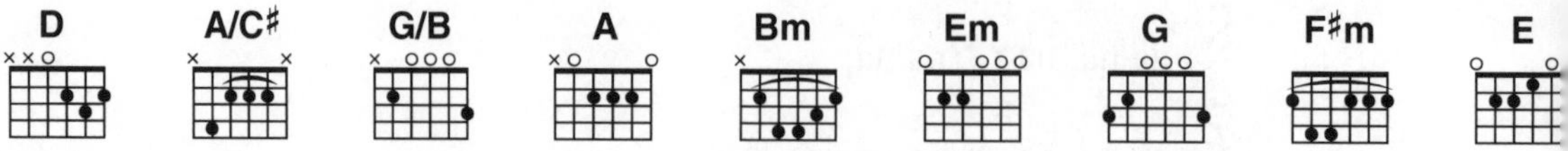

Intro | D | D | D |

A/C♯ G/B D A Bm
So this is who I am, and this is all I know,
Em
And I must choose to live for all that I can give,
The spark that makes the power grow.

Verse 1
D A G F♯m
And I will stand for my dream if I can,
G D Em Bm
Symbol of my faith in who I am,
Em
But you are my on - ly.
D A G F♯m
And I must follow on the road that lies ahead,
G D Em Bm
And I won't let my heart control my head,
Em
But you are my on - ly.

Link 1
D
And we don't say good-bye,
A Bm
We don't say good-bye,
E Em
And I know what I've got to be.

Chorus 1
D Em F♯m Em
Immor - tali - ty,
D Em F♯m Em
I make my journey through etern-i-ty,
D Em F♯m Em
I keep the memory of you and me inside.

Middle

A/C♯ G/B D
Fulfill your destiny,

A Bm
Is there within the child,

Em
My storm will never end,

My fate is on the wind,

G
The King of Hearts, the Joker's wild.

Link 2

D
But we don't say good-bye,

A Bm
We don't say good-bye,

E Em
I'll make them all remember me.

Verse 2

D A G F♯m
'Cause I have found a dream that must come true,

G D Em Bm
Ev'ry ounce of me must see it through,

Em
But you are my on - ly.

D A G F♯m
I'm sorry I don't have a role for love to play,

G D Em Bm
Hand over my heart, I'll find my way,

Em
I will make them give to me.

Chorus 2

D Em F♯m Em
Immor - tali - ty, __

D Em F♯m Em
There is a vision and a fire in me,

D Em F♯m Em
I keep the memory of you and me inside.

Outro

D
And we don't say good-bye,

A Bm
We don't say good-bye

E Em
With all my love for you,

And what else we may do.

N.C. D A/C♯ G/B D
We don't say good-bye. ______

Killing Me Softly With His Song

Words by Norman Gimbel.
Music by Charles Fox

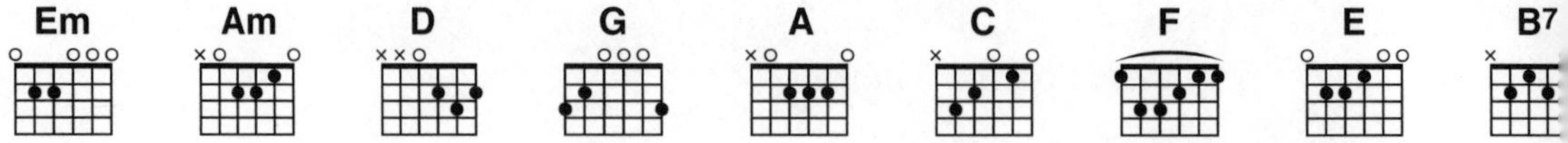

Chorus 1

(Em)   (Am)
Strumming my pain with his fin - gers,
(D)   (G)
Singing my life with his words,
(Em)   (A)
Killing me softly with his song,
                  (D)   (C)
Killing me soft - ly with his song,
                     (G)   (C)
Telling my whole life with his words,
               (F)   (E)
Killing me softly with his song.

Link

Drum rhythm for 8 bars

Verse 1

(Am)   (D)
I heard he sang a good song,
(G)   (C)
I heard he had a smile,
(Am)   (D)
And so I came to see him
        (Em)
And listen for a while.
(Am)   (D)
And there he was, this young boy,
(G)   (B7)
A stranger to my eyes.

```
              Em                                    Am
Chorus 2      Strumming my pain with his fin - gers,
              D                                G
              Singing my life with his words,
              Em                        A
              Killing me softly with his song,
                            D              C
              Killing me soft - ly with his song,
                              G                C
              Telling my whole life with his words,
                         F                   E
              Killing me softly with his song.

              (Am)      (D)                 (G)
Verse 2          I felt all flushed with fever,
                         (C)
              Embarrassed by the crowd,
              (Am)           (D)
                 I felt he found my letters
                   (Em)
              And read each one out loud.
              (Am)                (D)
                 I prayed that he would finish,
              (G)                 (B7)
                 But he just kept right on…

Chorus 3      As Chorus 2

              Em      Am          D      G
Middle        Oh,________   oh, ________
              Em          A
              La la la la la  la,
              D     C    G      C   F   E
              Woh  la,  woh  la,________ la.

Chorus 4      ||: As Chorus 2 :||   Repeat to fade with ad lib. vocal
```

Let Me Entertain You

Words & Music by
Guy Chambers & Robbie Williams

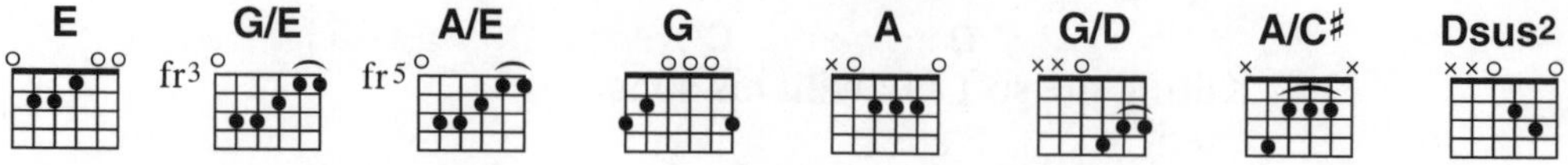

Capo first fret

Intro | E | G/E | A/E | E ||

Verse 1

E
Hell is gone and heaven's here,
G/E
There's nothing left for you to fear,
A/E E
Shake your arse, come over here, now scream.

I'm a burning effigy
G/E
Of everything I used to be,
A/E E
You're my rock of empathy, my dear.

Chorus 1

E G A E
So come on let me entertain you.
G A E
Let me entertain you.

Verse 2

Life's too short for you to die
G/E
So grab yourself an alibi,
A/E E
Heaven knows your mother lied, mon cher.

Separate your right from wrongs,
G/E
Come and sing a different song,
A/E E
The kettle's on so don't be long, mon cher.

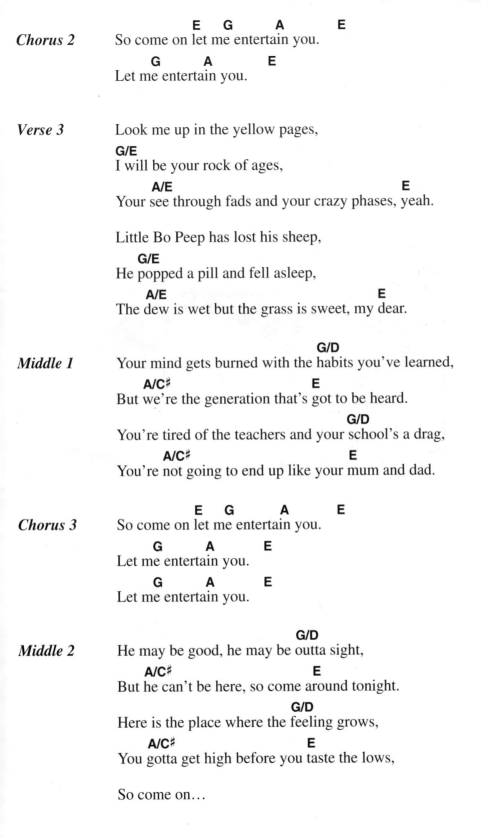

		E G A E

Chorus 2

　　　　　　　　　　　E G   A   E
So come on let me entertain you.

　　　　　　　G   A   E
Let me entertain you.

Verse 3

Look me up in the yellow pages,

G/E
I will be your rock of ages,

　　　A/E　　　　　　　　　　　　　　　**E**
Your see through fads and your crazy phases, yeah.

Little Bo Peep has lost his sheep,

　　G/E
He popped a pill and fell asleep,

　　A/E　　　　　　　　　　　　　**E**
The dew is wet but the grass is sweet, my dear.

Middle 1

　　　　　　　　　　　　　　　　G/D
Your mind gets burned with the habits you've learned,

　　A/C♯　　　　　　　**E**
But we're the generation that's got to be heard.

　　　　　　　　　　　　　　　G/D
You're tired of the teachers and your school's a drag,

　　A/C♯　　　　　　　　　**E**
You're not going to end up like your mum and dad.

Chorus 3

　　　　　　　　E G   A   E
So come on let me entertain you.

　　　　　G   A   E
Let me entertain you.

　　　　　G   A   E
Let me entertain you.

Middle 2

　　　　　　　　　　　　　　G/D
He may be good, he may be outta sight,

　　A/C♯　　　　　　　　　**E**
But he can't be here, so come around tonight.

　　　　　　　　　　　　G/D
Here is the place where the feeling grows,

　　A/C♯　　　　　　　**E**
You gotta get high before you taste the lows,

So come on…

Instrumental ‖: E | G/E | A/E | E   :‖

	G A E

Chorus 4

        G   A   E
Let me entertain you,

        G   A   E
Let me entertain you,

        G   A   E
Let me entertain you,

        G   A   E
Let me entertain you.

Link

‖: Come on, come on, come on, come on,

Dsus2
Come on, come on, come on, come on,

A/C♯   E
Come on, come on, come on, come on. :‖

Instrumental ‖: E | G | A | E   :‖

Outro

                   G
‖: Let me entertain you,

A   E
Let me entertain you. :‖   *Repeat to fade*

Miami

Words & Music by Will Smith, Ryan Toby, Samuel Barnes,
Leon Sylvers III, Stephen Shockley & William Shelby

B♭m Fm7 G♭maj7 E♭m9 Gm7♭5

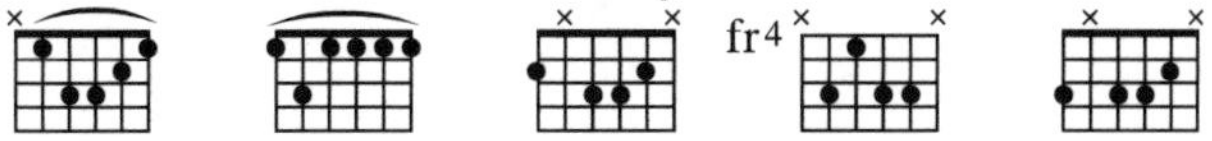

Intro

B♭m Fm7 G♭maj7 B♭m
Uh! Uh! Yeah, yeah, yeah, yeah, uh! Miami.

Fm7 G♭maj7 B♭m
Uh! Uh! South Beach, bringin' in the heat. Uh!

Fm7 G♭maj7
Ha, ha, can y'all feel that?

B♭m
Can y'all feel that?

Fm7 G♭maj7
Jig it out, uh.

Verse 1

B♭m Fm7
Here I am in the place where I come, let go.

G♭maj7
In Miami, the bass and the sun set low.

B♭m Fm7
Ev'ry day like a Mardi Gras, ev'rybody party all day,

G♭maj7
No work, all play O.K.

B♭m Fm7
So we sip a little somethin' later as a spell,

G♭maj7
Me and Charlie at the bar runnin' up a high bill.

B♭m Fm7
Nothin' less than ill, when we dress to kill,

G♭maj7
Ev'ry time the ladies pass they be like "Hi Will."

Verse 2

B♭m Fm7
Can y'all feel me? All ages and races,

G♭maj7
Real sweet faces, every diff'rent nation.

B♭m Fm7 G♭maj7
Spanish, Haitian, Indian, Jamaican, black, white, Cuban and Asian.

cont.

E♭m9
I only came for two days of playin',

But ev'ry time I always wind up stayin'.

This is the type of town I could spend a few days in.

Gm7♭5
Miami, the city that keeps the roof blazin'.

Chorus 1

B♭m Fm7
Party in the city where the heat is on,

G♭maj7
All night on the beach to the break of dawn.

B♭m Fm7 G♭maj7
"Welcome to Miami, bienvenida a Miami."

B♭m Fm7
Bouncin' in the club when the heat is on,

G♭maj7
All night on the beach to the break of dawn.

B♭m Fm7 G♭maj7
I'm goin' to Miami. "Welcome to Miami."

Verse 3

E♭m9
Yo, I heard the rainstorms ain't nothin' to mess with,

But I can't feel a drip on the strip, it's a trip.

Ladies half dressed, fully equipped,

Gm7♭5
And they be screamin' out, "Will, we loved your last hit."

N.C. B♭m Fm7
So I'm thinkin' I'm a scoop, me somethin' hot (hot hot),

G♭maj7
And this Salsa Meringue meltin' pot.

B♭m Fm7
Hottest club in the city and it's right on the beach,

Temperature get to you.

Verse 4

G♭maj7 B♭m Fm7
It's about to reach five hundred degrees in the Caribbean Seas,

G♭maj7
With the hot mommies screamin', "Ah, Poppy!"

B♭m Fm7
Every time I come to town, they be spottin' me,

G♭maj7
In the drop Bentley, ain't no stoppin' me.

B♭m Fm7
So cash in your dough and flow to this fashion show,

cont.

G♭maj7
Pound for pound, anywhere you go.

B♭m Fm7
Yo, ain't no city in the world like this, (uh-huh, uh-huh,)

G♭maj7
And if you ask how I know, I gots ta plead the fifth, Miami.

Chorus 2 As Chorus 1

Verse 5

B♭m Fm7
Don't get me wrong, Chi'town got it goin' on,

G♭maj7
And New York is the city that we know don't sleep.

B♭m Fm7
And we all know that L A and Philly stay jiggy,

G♭maj7 B♭m
But on the sneak Miami bringin' heat (for real).

Fm7
Y'all don't understand,

G♭maj7
I've never seen so many Dominican women with cinnamon tans.

B♭m Fm7
Mira, this is the plan,

G♭maj7
Take a walk on the beach, draw a heart in the sand.

Verse 6

B♭m
Gimme ya hand, damn, you look sexy (woo),

Fm7 G♭maj7
Let's go to my yacht in the West Keys.

B♭m
Ride my jet-skis, loungin' under the palm trees,

Fm7 G♭maj7
'Cos ya gotta have cheese for the Summer House piece on South Beach.

E♭m9
Water so clear, you can see to the bottom,

Hundred thousand dollar cars, everybody got 'em.

Ain't no surprise in the club to see Sly Stallone,

Gm7♭5
Miami, my second home, Miami.

Chorus 3 & 4 ‖: As Chorus 1 :‖

N.C.
Party in the city where the heat is on.

One For Sorrow

Words & Music by
Topham/Twigg/Ellington

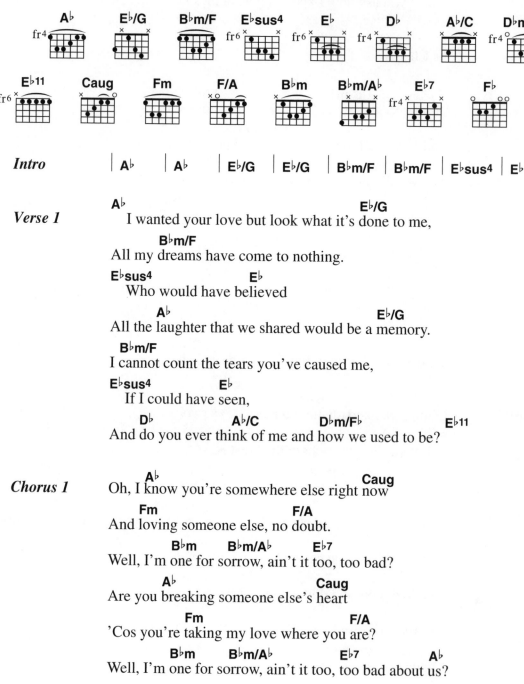

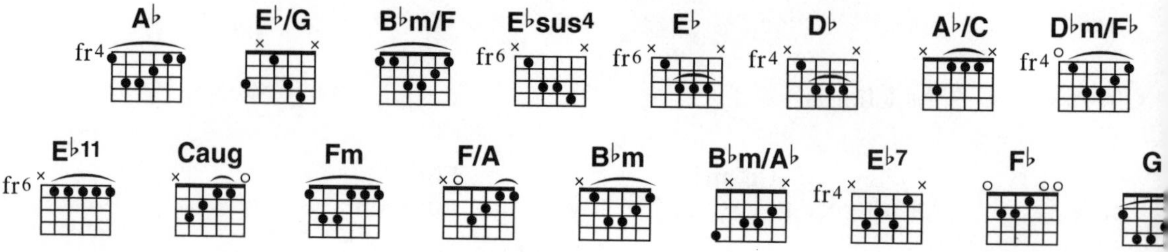

Intro | A♭ | A♭ | E♭/G | E♭/G | B♭m/F | B♭m/F | E♭sus4 | E♭ |

Verse 1

A♭ E♭/G
I wanted your love but look what it's done to me,
B♭m/F
All my dreams have come to nothing.
E♭sus4 E♭
Who would have believed
A♭ E♭/G
All the laughter that we shared would be a memory.
B♭m/F
I cannot count the tears you've caused me,
E♭sus4 E♭
If I could have seen,
D♭ A♭/C D♭m/F♭ E♭11
And do you ever think of me and how we used to be?

Chorus 1

A♭ Caug
Oh, I know you're somewhere else right now
Fm F/A
And loving someone else, no doubt.
B♭m B♭m/A♭ E♭7
Well, I'm one for sorrow, ain't it too, too bad?
A♭ Caug
Are you breaking someone else's heart
Fm F/A
'Cos you're taking my love where you are?
B♭m B♭m/A♭ E♭7 A♭
Well, I'm one for sorrow, ain't it too, too bad about us?

Verse 2

E♭/G
I wanted your love but I got uncertainty,
B♭m/F
I tried so hard to understand you,
E♭sus4 E♭
All the good it did me.
A♭ E♭/G
Now the places that we knew remind me of how we were,
B♭m/F
Everything is just the same.
E♭sus4 E♭
But all I feel is hurt,
D♭ A♭/C D♭m/F♭ E♭11
And do you ever think of me and how we used to be?

Chorus 2

A♭ Caug
Oh, I know you're somewhere else right now
Fm F/A
And loving someone else, no doubt.
B♭m B♭m/A♭ E♭7
Well, I'm one for sorrow, ain't it too, too bad?
A♭ Caug
Are you breaking someone else's heart
Fm F/A
'Cos you're taking my love where you are?
B♭m B♭m/A♭ E♭7 F♭
Well, I'm one for sorrow, ain't it too, too bad about love?

Instrumental | G♭ | A♭ | A♭ | F♭ | G♭ | A♭ | A♭ |

| F♭ | G♭ | E♭sus4 | E♭ ||

Chorus 3 ||: As Chorus 1 :|| *Repeat to fade*

Thank U

Words by Alanis Morissette
Music by Alanis Morissette & Glenn Ballard

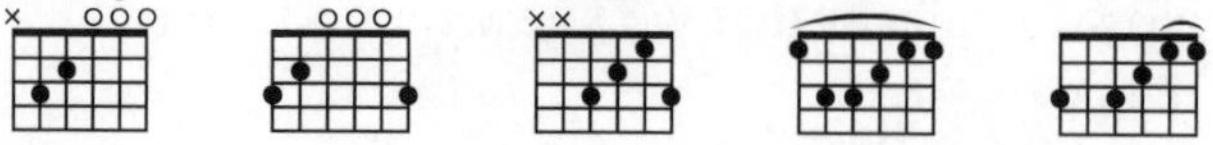

Intro | Cmaj7 | Cmaj7 | G | Fadd2 ||

Verse 1

Cmaj7 G Fadd2
How 'bout getting off o' these antibio - tics?
Cmaj7 G Fadd2
How 'bout stopping eating when I'm full up?
Cmaj7 G Fadd2
How 'bout them transparent dangling carrots?
Cmaj7 G Fadd2
How 'bout that ever elusive ku - do?

Chorus 1

Cmaj7
Thank you India, thank you terror;
G F
Thank you dis - illusionment.
F/G Cmaj7
Thank you frailty, thank you consequence;
G F
Thank you, thank you silence.

Verse 2

Cmaj7 G Fadd2
How 'bout me not blaming you for ev'ry - thing?
Cmaj7 G Fadd2
How 'bout me enjoying the moment for once?
Cmaj7 G Fadd2
How 'bout how good it feels to fin'lly forgive you?
Cmaj7 G Fadd2
How 'bout grieving it all one at a time?

Chorus 2 As Chorus 1

Middle

```
Cmaj7
   The moment I let go of it
            G                          F               F/G
Was the mo - ment I got more than I_ could handle.
     Cmaj7
The moment I jumped off of it
            G                      F
Was the mo - ment I touched down.
```

Verse 3

```
Cmaj7                                        G          Fadd2
   How 'bout no longer being masochis - tic?
Cmaj7                                             G        Fadd2
   How 'bout remembering your divinity?
Cmaj7                                            G              Fadd2
   How 'bout unabashedly bawling your eyes out?
Cmaj7                                              G       Fadd2
   How 'bout not equating death with stopping?
```

Chorus 3

```
              Cmaj7
Thank you India, thank you providence;
                G                  F
Thank you dis - illusionment.
        F/G     Cmaj7
Thank you no - thingness, thank you clarity;
          G                 F
Thank you, thank you silence.
```

Ad lib. vocal to fade

This Is Hardcore

Lyrics by Jarvis Cocker. Music by Jarvis Cocker, Nick Banks,
Candida Doyle, Steve Mackey, Mark Webber & Peter Thomas

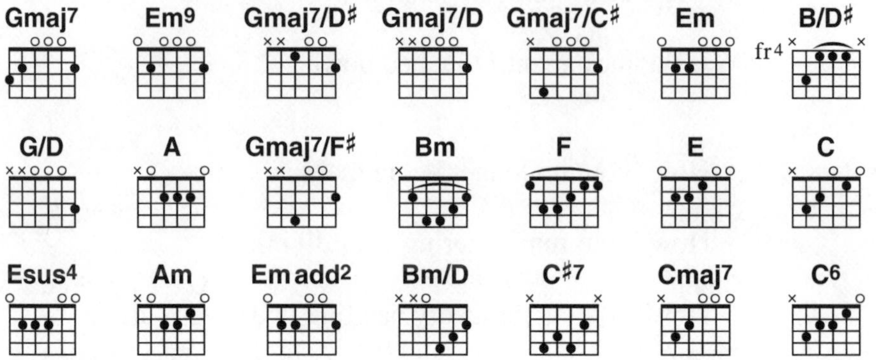

Intro

|: Gmaj7 | Gmaj7 | Gmaj7 | Gmaj7 :| *Play 3 times*

| Em9 | Gmaj7/D♯ | Gmaj7/D | Gmaj7/C♯ | Em | B/D♯

| G/D | A | Em9 | Em9 | Em9 | Em9

Verse 1

Gmaj7
You are hardcore, you make me hard,
Em9 Gmaj7/F♯
You name the drama and I'll play the part.
Em9 Gmaj7
It seems I saw you in some teenage wet dream,
Em9 Gmaj7/F♯
I like your get up if you know what I mean.
Em9 Gmaj7/D♯ Gmaj7/D Gmaj7/C♯
I want it bad, I want it now.
Em9 B/D♯ G/D A
Oh can't you see I'm ready now?
Em9 Gmaj7/D♯
I've seen all the pictures, I studied them for ever.
Gmaj7/D Gmaj7/C♯
I wanna make a movie so let's star in it together, oh,
(C) (G) Em9
Don't make a move 'til I say "action".
(C) Em9
Oh here comes the hardcore life.

Verse 2

```
Bm
   Put your money where your mouth is tonight,
F
   Leave your make-up on and I'll leave on the light.
Bm
   Come over here babe and talk in the mic,
F
   Oh yeah I hear now, it's gonna be one hell of a night.
E                         A         F
   You can't be a spectator, oh no,
                                            E
You gotta take these dreams and make them whole.
```

Chorus

```
C                Esus4  E
   Oh, this is hard  -  core,
Am             F                C
   There is no way back for you.
             Esus4  E
Oh, this is hard  -  core,
Am            F              C
   This is me on top of you,
                      Esus4           E
And I can't believe that it took me this long,
Em
   That it took me this long.
```

Middle

```
      Emadd2                       Bm/D
Oh, this is the eye of the storm,
                                          C#7
It's what men in stained raincoats pay for.
                     Cmaj7        C6
But in here it is   pure,  yeah.
```

Verse 3

```
      Emadd2                      Bm/D
This  is the end of the line,
                     C#7                                   Cmaj7   C6
I've seen this story line played out so many times before.
      Emadd2
Oh, that goes in there, and that goes in there,
       Bm/D
And that goes in there, and that goes in there.
  C#7                Cmaj7   C6
Oh, and then it's over,
   Emadd2            Bm/D                         C#7
Oh, what a hell of a show, but what I want to know,
                                      Cmaj7        C6
What exactly do you do for an encore, oh,
                   Em9
'Cos this is hardcore.
```

Torn

Words & Music by
Anne Preven, Scott Cutler & Phil Thornalley

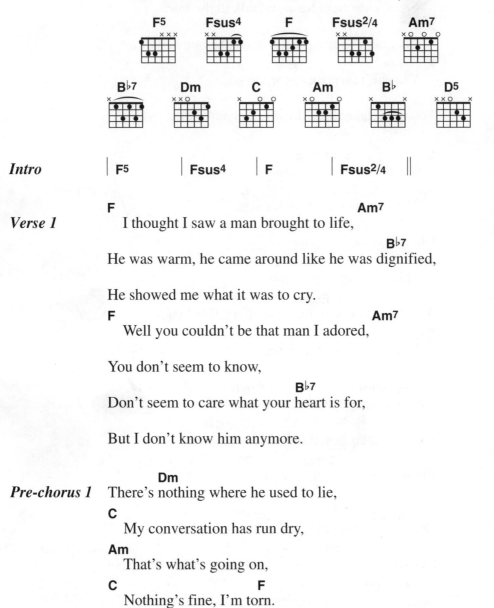

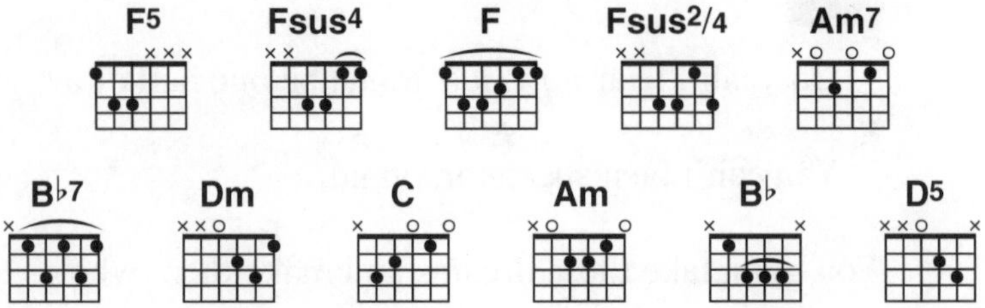

Intro | F5 | Fsus4 | F | Fsus2/4 ||

Verse 1

F Am7
I thought I saw a man brought to life,
B♭7
He was warm, he came around like he was dignified,
He showed me what it was to cry.
F Am7
Well you couldn't be that man I adored,
You don't seem to know,
B♭7
Don't seem to care what your heart is for,
But I don't know him anymore.

Pre-chorus 1

Dm
There's nothing where he used to lie,
C
My conversation has run dry,
Am
That's what's going on,
C F
Nothing's fine, I'm torn.

```
                   C
Chorus 1      I'm all out of faith,
                  Dm
              This is how I feel,
                          B♭
              I'm cold and I am shamed
                        F
              Lying naked on the floor.
                        C                 Dm
              Illusion never changed into something real,
                      B♭                          F
              Wide awake and I_ can see the perfect sky is torn,
                     C
              You're a little late,
                    Dm
              I'm already torn.

              F                                Am7
Verse 2         So I guess the fortune teller's right.

              I should have seen just what was there
                         B♭7
              And not some holy light,

              But you crawled beneath my veins.

                      Dm
Pre-chorus 2  And now I don't care, I had no luck,
              C
                I don't miss it all that much,
              Am
                There's just so many things
              C                    F
                That I can search, I'm torn.


Chorus 2      As Chorus 1

              Dm     B♭
              Torn
              D5     F     C
              Oo, oo, oo.___
```

Pre-chorus 3

Dm
There's nothing where he used to lie,
C
My inspiration has run dry,
Am
That's what's going on,
C F
Nothing's right, I'm torn.

Chorus 3

C
I'm all out of faith,
Dm
This is how I feel,
B♭
I'm cold and I am shamed,
F
Lying naked on the floor.
C Dm
Illusion never changed into something real,
B♭ F
Wide awake and I_ can see the perfect sky is torn.

Chorus 4

C
I'm all out of faith,
Dm
This is how I feel,
B♭
I'm cold and I'm ashamed,
F
Bound and broken on the floor.
C
You're a little late,
Dm B♭
I'm already torn…
Dm C
Torn…

Repeat Chorus ad lib. to fade

Until The Time Is Through

Words & Music by
Max Martin & Andreas Carlsson

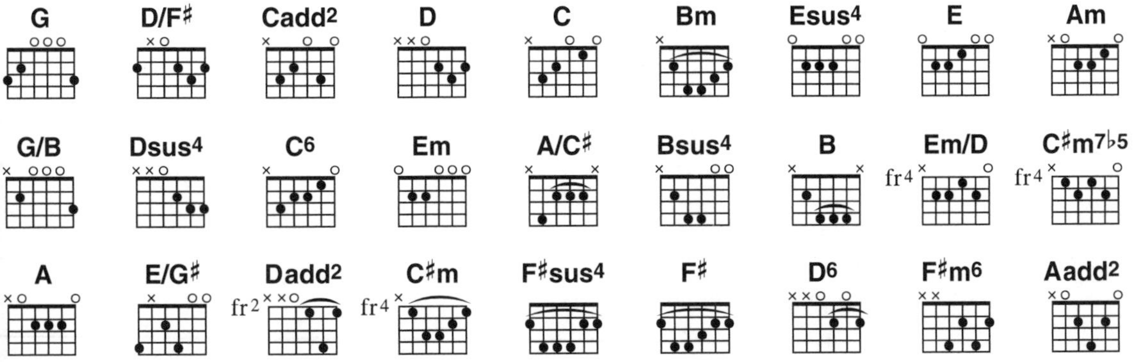


```
        G               D/F♯  Cadd2                 D
Intro   Now and forever,   until the time is through.

        G
Verse 1 I can't believe it,
        D/F♯                      C         D
        Don't know where to start, no ba-by.
        G
        So many questions
        D/F♯                  C         D
        Deep inside my heart, you know that.
        Bm                        Esus4   E
        Give me a moment before   you go,
                 Am               G/B       C      D
        There's something you ought to know.

                 G
Chorus 1 Baby, now and forever
         D/F♯                   Cadd2
         Until the time is through,
                 D
         I'll be standing here
         G                D/F♯                   Cadd2
         Waiting, and never give up my faith in you,
                     D
         Trying to make it clear.
```

cont.

```
Bm                                   Esus4  E
Without your love I'll be half        a man,
Am          G/B          Dsus4  D
Maybe one day you will un - der - stand.
G
Now and forever
C6        D      G      D/F#
Until the time is through,
         Cadd2  D
I'll be waiting.
```

Verse 2

```
G
How can I tell you
D/F#           C
So that you can see?
    D      G
You know that life has a meaning
     D/F#              C
When you are here with me.
                 D
(When you are here with me, baby.)
Bm                        Esus4  E
Give me a moment before you go,
       Am             G/B      C    D
There's something you ought to know.
```

Chorus 2

```
     G
Baby, now and forever
D/F#                Cadd2
Until the time is through,
     D
I'll be standing here
G               D/F#                  Cadd2
Waiting, and never give up my faith in you,
        D
Trying to make it clear.
Bm                                   Esus4  E
Without your love I'll be half        a man,
Am          G/B          Dsus4  D
Maybe one day you will un - der - stand.
G
Now and forever
C6        D      Em
Until the time is through.
```

Middle

```
                 A/C#             D
There is no one to comfort me
                  Bsus4    B     Em
Here in my cold        real - ity.__
                          Em/D
I'm searching for words,
                 C#m7b5           D
What can I say to make you see?
```

| G | D | Cadd2 | (Dsus4) (D) ||

```
          A          E/G#      Dadd2        E
Baby now until time is through, I'll be here.
          A          E/G#      Dadd2        E
Baby now until time is through, I'll be here.
```

Chorus 3

```
        A
Baby, now and forever
E/G#                    Dadd2
Until the time is through,
        E
I'll be standing here
A                   E/G#                    Dadd2
Waiting, and never give up my faith in you,
           E
Trying to make it clear.
C#m                           F#sus4   F#
Without your love I'll be half a       man,
Bm              A/C#         Esus4   D
Maybe one day you will un - der - stand.
A
Now and forever
D6           E         F#m6
I will be here for you,
D            E      Aadd2
Until the time is through.
```

You Don't Care About Us

Words & Music by
Placebo

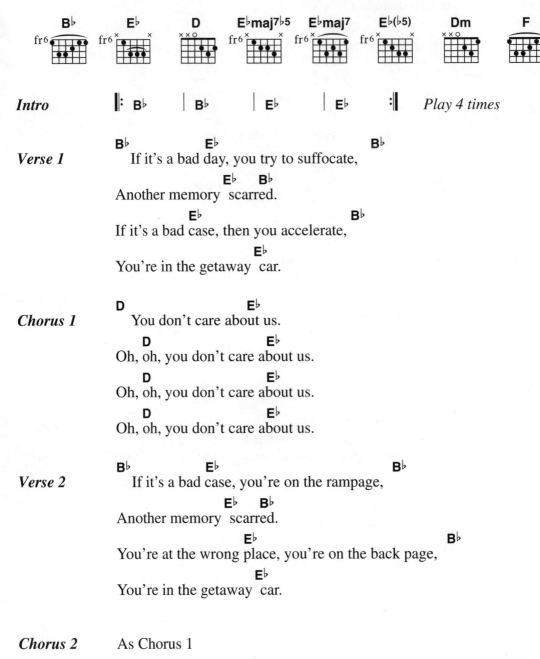

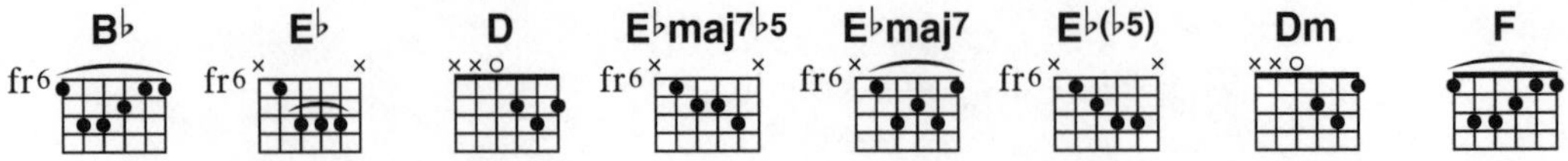

Intro ‖: B♭ | B♭ | E♭ | E♭ :‖ *Play 4 times*

Verse 1

B♭   E♭   B♭
If it's a bad day, you try to suffocate,
                E♭   B♭
Another memory scarred.
            E♭   B♭
If it's a bad case, then you accelerate,
                      E♭
You're in the getaway car.

Chorus 1

D   E♭
You don't care about us.
     D   E♭
Oh, oh, you don't care about us.
     D   E♭
Oh, oh, you don't care about us.
     D   E♭
Oh, oh, you don't care about us.

Verse 2

B♭   E♭   B♭
If it's a bad case, you're on the rampage,
                E♭   B♭
Another memory scarred.
                      E♭   B♭
You're at the wrong place, you're on the back page,
                      E♭
You're in the getaway car.

Chorus 2 As Chorus 1

Middle

E♭maj7♭5 E♭ E♭maj7 E♭(♭5)
It's your age. It's my rage.

E♭maj7♭5 E♭ E♭maj7 E♭(♭5)
It's your age. It's my rage.

| B♭ | B♭ | Dm | Dm |

| B♭ | B♭ | Dm F | F ||

Verse 3

B♭ E♭ B♭
You're too complicated, we should separate it, __

E♭ B♭
You're just confiscating, you're exasperating.

E♭ B♭
This degeneration, mental masturbation,

E♭ D
Think I'll leave it all behind, save this bleeding heart of mine.

Link

E♭
It's a matter of trust,

D E♭
It's a matter of trust,

D E♭
It's a matter of trust,

D E♭
It's a matter of trust.

Because…

Chorus 3

As Chorus 1

Middle 2

As Middle 1

Outro

| B♭ | B♭ | Dm | Dm |

| B♭ | B♭ | Dm F | F | B♭ ||

Stop

Words & Music by Victoria Aadams, Emma Bunton, Melanie Brown,
Melanie Chisholm, Geri Halliwell, Andy Watkins & Paul Wilson

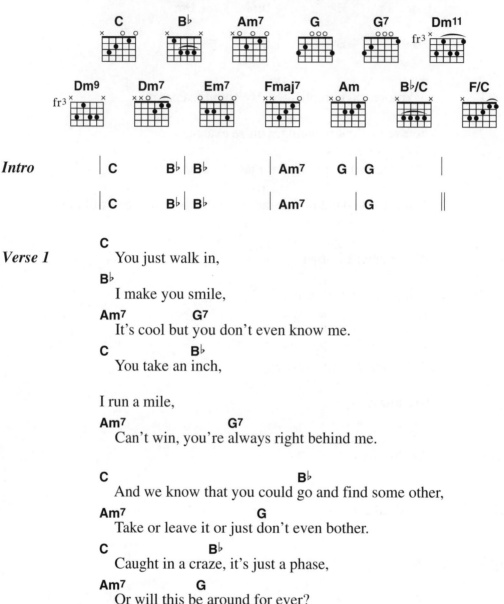

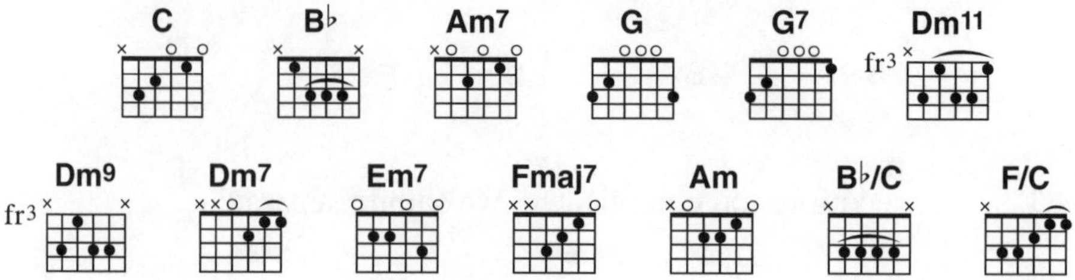

Intro | C B♭ | B♭ | Am7 G | G |
| C B♭ | B♭ | Am7 | G ||

Verse 1

C
You just walk in,
B♭
I make you smile,
Am7 G7
It's cool but you don't even know me.
C B♭
You take an inch,

I run a mile,
Am7 G7
Can't win, you're always right behind me.

C B♭
And we know that you could go and find some other,
Am7 G
Take or leave it or just don't even bother.
C B♭
Caught in a craze, it's just a phase,
Am7 G
Or will this be around for ever?

Pre-chorus 1

Dm11 Dm9
Don't you know it's goin' too fast?
Dm11 Dm9
Racing so hard you know it won't last.
Dm7 Em7
Don't you know? What can't you see?
Fmaj7
Slow it down, read the sign,
G
So you know just where you're goin'.

Chorus 1

C B♭
Stop right now, thank you very much,
Am G7
I need somebody with a human touch.
C B♭
Hey you, al - ways on the run,
Am G7
Gotta slow it down baby, gotta have some fun.

Verse 2

C
Do do do do,
B♭
Do do do do,
Am7 G7
Do do do do, always be together.
C
Ba da ba ba,
B♭
Ba da ba ba,
Am7 G7
Ba da ba, stay that way forever.

C B♭
And we know that you could go and find some other,
Am7 G
Take or leave it 'cos we've always got each other.
C B♭
You know who you are and yes, you're gonna break down,
Am7 G
You've crossed the line so you're gonna have to turn around.

Pre-chorus 2 As Pre-chorus 1

Chorus 2 As Chorus 1

Middle | (C) | (C) | (C) | (C) ||

C
Gotta keep it down honey,
B♭/C
Lay your back on the line,
F/C
'Cos I don't care about the money,
B♭/C
Don't be wastin' my time.
C
You need less speed,
B♭/C
Get off my case,
F/C
You gotta slow it down baby,
G
Just get out of my face.

Chorus 3
C B♭
Stop right now, thank you very much,
Am G7
I need somebody with a human touch.
C B♭
Hey you, al - ways on the run,
Am G7
Gotta slow it down baby, gotta have some fun.

Chorus 4
C B♭
Stop right now, thank you very much,
Am G7
I need somebody with a human touch.
C B♭
Hey you, al - ways on the run,
Am G7 C
Gotta slow it down baby, gotta have some fun. ___

BEST POP CHORD SONG BOOK
PART FOUR

Doctor Jones

Words & Music by Soren Rasted, Claus Norreen, Rene Dif,
Johnny Mosegaard, Karsten Delgado & Anders Oland

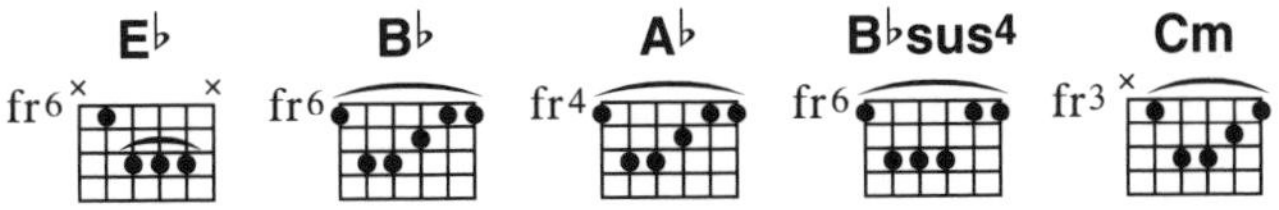

Intro | E♭ B♭ | A♭ B♭sus4 | E♭ B♭ | Cm A♭ ||

E♭ B♭ A♭ B♭sus4
Sometimes the feeling is right,
E♭ B♭ Cm A♭
You fall in love for the first time.
E♭ B♭ A♭ B♭sus4
Heartbeat and kisses so sweet,
E♭ B♭ Cm A♭
Summertime love in the moon - light.
E♭
Ay__ be ay ooh,
A♭
Ay__ be ay yeah,
E♭ A♭
Ay__ be ay ooh ah.__

Verse 1
E♭ B♭ A♭ B♭
Now the summer is gone,
E♭ B♭ Cm A♭
You had to go back home.
E♭ B♭ A♭ B♭
Please come and see me again,
E♭ B♭ Cm A♭
I've never felt more alone. ___

Pre-chorus 1

Cm A♭
Ba - by I am missing **you,**
B♭
I want you by my **side,**
A♭ Cm
And I hope you miss **me too,**
B♭
Come back and stay.
Cm A♭
I think about you every day,
B♭
I really want you to,
A♭ Cm
You swept my feet right off the ground,
B♭
You're the love I found.

Chorus 1

E♭ B♭sus4 A♭ B♭sus4
Doctor Jones, Jones, calling Doctor Jones,
E♭ B♭ Cm A♭
Doctor Jones, Doctor Jones, get up_ now, (wake up_ now.)
E♭ B♭sus4 A♭ B♭sus4
Doctor Jones, Jones, calling Doctor Jones,
E♭ B♭ Cm A♭
Doctor Jones, Doctor Jones, wake up_ now, (wake up_ now.)
B♭
Ay_ be ay ooh,
E♭ Cm
Ay_ be ay yeah,
A♭ B♭ E♭
Ay_ be ay ooh ah._
A♭ B♭
Ay_ be ay ooh,
E♭ Cm
Ay_ be ay yeah,
A♭ B♭ E♭
Ay_ be ay ooh ah._

Verse 2

E♭ B♭ A♭ B♭
All I think of is you
E♭ B♭ Cm A♭
And all of the things we had.
E♭ B♭ A♭ B♭
Doctor what can I do,_
E♭ B♭ Cm A♭
Why does it have to be like that?

Pre-chorus 2 As Pre-chorus 1

Chorus 2 As Chorus 1

Middle

E♭ B♭sus4 A♭ B♭sus4
Please, please cure me,
E♭ B♭sus4 Cm A♭
Please, please cure me.
E♭ B♭sus4 A♭ B♭sus4
Please, please cure me,
E♭ B♭sus4 Cm A♭
Please, please cure me.
E♭
Doctor Jones, Jones, wake up now.

Doctor Jones, Jones, wake up now.

Doctor Jones, Jones, wake up now.

Doctor Jones, Jones, wake up now.
A♭ B♭
Ay_ be ay ooh,
E♭ Cm
Ay_ be ay yeah,
A♭ B♭ E♭
Ay_ be ay ooh ah._
A♭ B♭
Ay_ be ay ooh,
E♭ Cm
Ay_ be ay yeah,
A♭ B♭ E♭
Ay_ be ay ay ooh ah._

Chorus 3

E♭ B♭sus4 A♭ B♭sus4
Doctor Jones, Jones, calling Doctor Jones,
E♭ B♭ Cm A♭
Doctor Jones, Doctor Jones, get up_ now, (wake up_ now.)
E♭ B♭sus4 A♭ B♭sus4
Doctor Jones, Jones, calling Doctor Jones,
E♭ B♭ Cm A♭ E♭
Doctor Jones, Doctor Jones, wake up_ now, wake up_ now.

Angels

Words & Music by
Robbie Williams & Guy Chambers

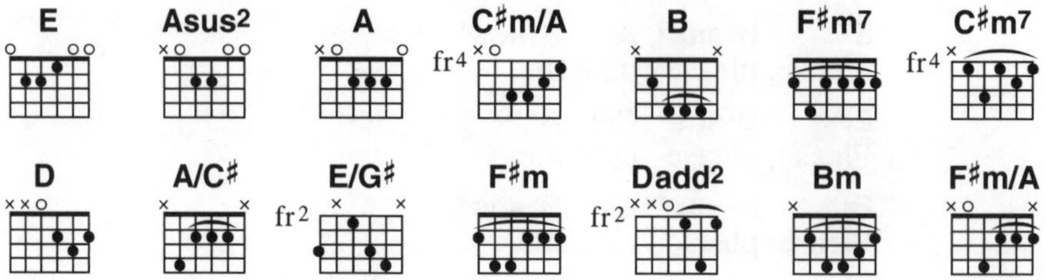

Verse 1

```
E
   I sit and wait,
                           Asus2   A      C#m/A    B
Does an angel contemplate my fate?
                   E
And do thy know
The places where we go
                             Asus2   A    C#m/A    B
When we're grey and old? ________
                    F#m7
'Cos I have been told
            A                   C#m7          A
That salva-tion lets their wings unfold.
               D
So when I'm lying in my bed,
            A/C#                        A
Thoughts running through my head
         E
And I feel that love is dead,
D             A/C#            E
   I'm loving angels instead.
```

Chorus 1

```
                       B
And through it all__
                          C#m
She offers me protection,
                          A
A lot of love and affection,
Asus2                   E
Whether I'm right or wrong.
```

cont.

```
                          B
And down the waterfall, _
                       C♯m
Wherever it may take me,
                            A
I know that life won't break me,
Asus2                 E/G♯
When I come to call.
                 F♯m
She won't forsake me,
Dadd2         A/C♯          E
   I'm loving angels instead.
```

Verse 2

```
(E)
When I'm feeling weak,
                                  Asus2       A   C♯m/A   B
And my pain walks down a one way street,
             E
I look above
                                   Asus2    A   C♯m/A   B
And I know I'll always be blessed    with love.
      D
And as the feeling grows,
              A/C♯            A
She brings flesh to my bones,
      E
And when love is dead,
Dadd2         A/C♯          E
   I'm loving angels instead.
```

Chorus 2 As Chorus 1

Slide solo

```
‖: Bm      | F♯m/A  | E      | E      :‖   Play 3 times
|  Bm      | F♯m/A  | E/G♯   ‖
```

Chorus 3 As Chorus 1

How Deep Is Your Love

Words & Music by
Barry Gibb, Robin Gibb & Maurice Gibb

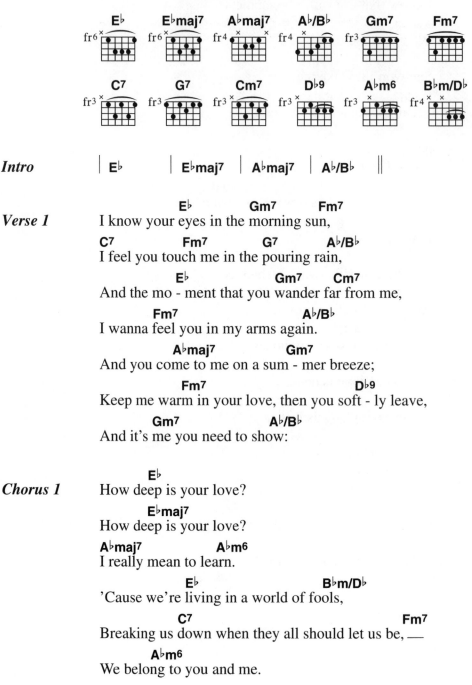

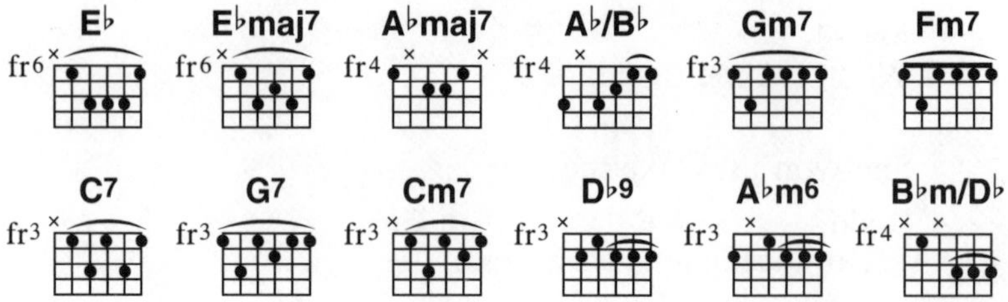

Intro | E♭ | E♭maj7 | A♭maj7 | A♭/B♭ ||

Verse 1

E♭ Gm7 Fm7
I know your eyes in the morning sun,
C7 Fm7 G7 A♭/B♭
I feel you touch me in the pouring rain,
E♭ Gm7 Cm7
And the mo - ment that you wander far from me,
Fm7 A♭/B♭
I wanna feel you in my arms again.
A♭maj7 Gm7
And you come to me on a sum - mer breeze;
Fm7 D♭9
Keep me warm in your love, then you soft - ly leave,
Gm7 A♭/B♭
And it's me you need to show:

Chorus 1

E♭
How deep is your love?
E♭maj7
How deep is your love?
A♭maj7 A♭m6
I really mean to learn.
E♭ B♭m/D♭
'Cause we're living in a world of fools,
C7 Fm7
Breaking us down when they all should let us be, —
A♭m6
We belong to you and me.

Verse 2

E♭ Gm7 Fm7
I believe in you,
C7 Fm7 G7 A♭/B♭
You know the door to my very soul.
E♭ Gm7 Cm7
You're the light in my deepest, dark - est hour,
Fm7 A♭/B♭
You're my saviour when I fall.
A♭maj7 Gm7
And you may not think I care for you
Fm7 D♭9
When you know down inside that I real - ly do,
Gm7 A♭/B♭
And it's me you need to show:

Chorus 2

E♭
How deep is your love?
E♭maj7
How deep is your love?
A♭maj7 A♭m6
I really mean to learn.
E♭ B♭m/D♭
'Cause we're living in a world of fools,
C7 Fm7
Breaking us down when they all should let us be, —
A♭m6
We belong to you and me.

| E♭ Gm7 | A♭/B♭ ||

Chorus 3

E♭
||: How deep is your love?
E♭maj7
How deep is your love?
A♭maj7 A♭m6
I really mean to learn.
E♭ B♭m/D♭
'Cause we're living in a world of fools,
C7 Fm7
Breaking us down when they all should let us be, —
A♭m6
We belong to you and me. :|| *Repeat to fade*

I Am Blessed

Words & Music by
Marsha Malamet & Mark Mueller

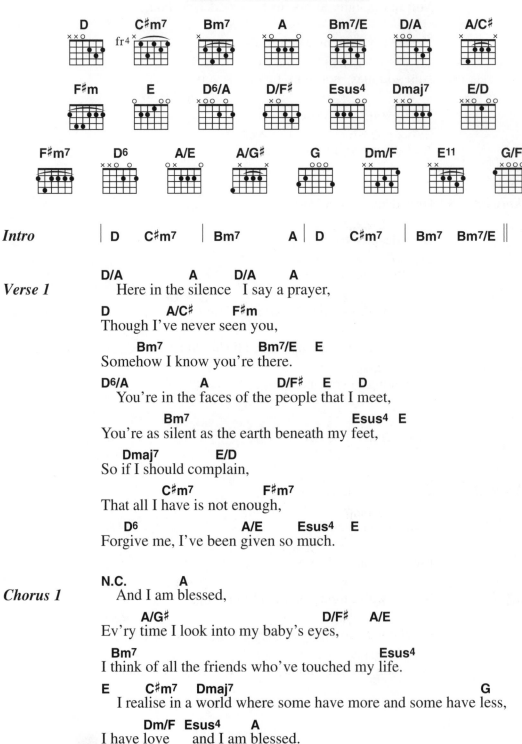

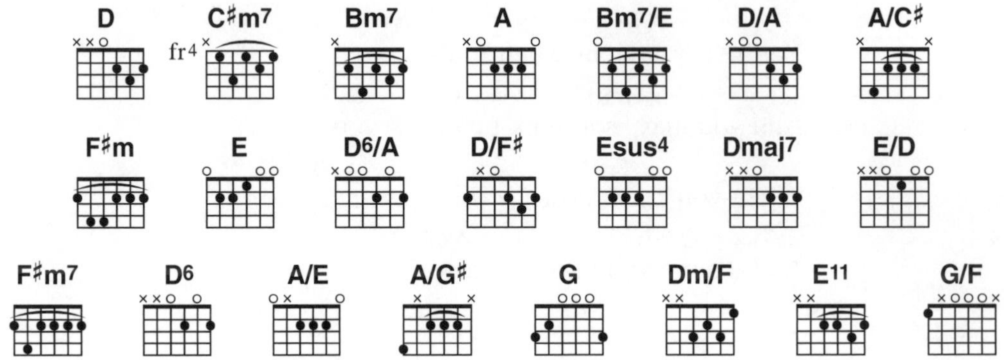

Intro | D C♯m7 | Bm7 A | D C♯m7 | Bm7 Bm7/E ||

Verse 1

D/A A D/A A
Here in the silence I say a prayer,
D A/C♯ F♯m
Though I've never seen you,
Bm7 Bm7/E E
Somehow I know you're there.
D6/A A D/F♯ E D
You're in the faces of the people that I meet,
Bm7 Esus4 E
You're as silent as the earth beneath my feet,
Dmaj7 E/D
So if I should complain,
C♯m7 F♯m7
That all I have is not enough,
D6 A/E Esus4 E
Forgive me, I've been given so much.

Chorus 1

N.C. A
And I am blessed,
A/G♯ D/F♯ A/E
Ev'ry time I look into my baby's eyes,
Bm7 Esus4
I think of all the friends who've touched my life.
E C♯m7 Dmaj7 G
I realise in a world where some have more and some have less,
Dm/F Esus4 A
I have love and I am blessed.

Link | D C♯m7 | Bm7 ||

Verse 2

```
D/A         A              D/A              A
   So many changes this world can put you through,
      D        A/C♯          F♯m
Sometimes it's hard to find a way.
  Bm7               Bm7/E   E
A heart can get confused,
D/A          A                D/F♯    E   D
   But then I hold you and it all falls into place.
    Bm7                                   Esus4   E
You give me what's right and I cannot erase,
   Dmaj7             E/D
So when I'm feeling down
     C♯m7          F♯m7
I feel sorry for myself,
 D6                     A/E      Esus4    E
I look around and it's easy to tell.
```

Chorus 2 As Chorus 1

Middle

```
        A/G♯                           D/F♯
(Ev'ry time I look into my baby's eyes)
 A/E
I realise,
 Bm7                                         E11
(I think of all the friends who've touched my life.)
```

Chorus 3

```
     N.C.       A
  *  And I am blessed,
           A/G♯                         D/F♯    A/E
     Ev'ry time I look into my baby's eyes,
      Bm7                                         Esus4
     I think of all the friends who've touched my life.
     E         C♯m7          Dmaj7                            C♯m7
 **    I realise you have given me such peace and happiness,
            Dmaj7                                           G
     In this world where some have more and some have less,
     G/F       Esus4          D          C♯m7   Bm7   A
       I have love and I am blessed. ______________
```

** Up a semitone (optional)*

*** Up another semitone (optional)*

Just The Two Of Us

Words & Music by
Ralph MacDonald, William Salter & Bill Withers

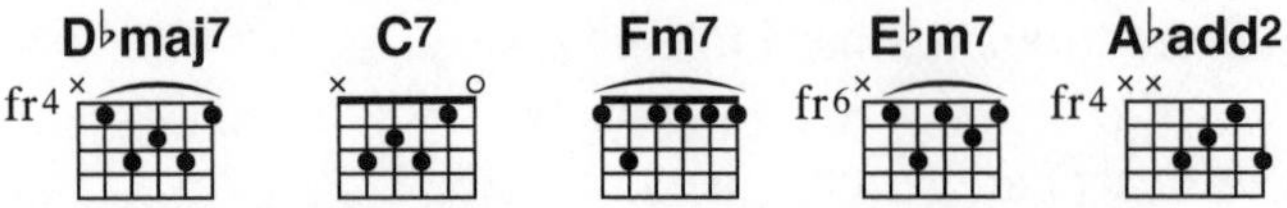

Intro (Now Dad, this is a very sensitive subject.)

| D♭maj7 C7 | Fm7 E♭m7 A♭add2 | D♭maj7 C7 | Fm7 ||

D♭maj7 C7 Fm7 E♭m7 A♭add2 D♭maj7
Just the two of us,

C7 Fm7
Just the two of us.

Verse 1

D♭maj7 C7
From the first time the doctor placed you in my arms,

Fm7 E♭m7 A♭add2
I knew I'd meet death before I'd let you meet harm.

D♭maj7 C7 Fm7
Although questions arose in my mind, would I be man enough?

Against wrong choose right and be standin' up.

D♭maj7 C7
From the hospital that first night,

Fm7 E♭m7 A♭add2
Took a hour just to get the car seat in right.

D♭maj7 C7
People drivin' all fast, got me kinda upset,

Fm7
Got you home safe, placed you in your basonette.

D♭maj7 C7
That night I don't think one wink I slept

Fm7 E♭m7 A♭add2
As I slipped out my bed, to your crib I crept,

D♭maj7 C7
Touched your head gently, felt my heart melt

Fm7
'Cos I knew I loved you more than life itself.

D♭maj7 C7
Then to my knees, and I begged the Lord,

Fm7 E♭m7
"Please let me be a good daddy."

cont.

A♭add2 D♭maj7 C7
All he needs is love, knowledge, discipline too,

Fm7
I pledge my life to you.

Chorus 1

D♭maj7
Just the two of us,

C7 Fm7 E♭m7
We can make it if we try.

A♭add2 D♭maj7 C7 Fm7
Just the two of us (just the two of us.)

D♭maj7
Just the two of us,

C7 Fm7 E♭m7
Building castles in the sky,

A♭add2 D♭maj7 C7 Fm7
Just the two of us, you and I. __

Verse 2

D♭maj7 C7
Five years old, bringin' comedy

Fm7 E♭m7 A♭add2
Every time I look at you I think man, a little me.

D♭maj7 C7
Just like me, wait and see, gonna be tall,

Fm7 N.C.
Makes me laugh 'cause you got your dad's ears and all.

D♭maj7 C7
Sometimes I wonder, what you gonna be;

Fm7 E♭m7 A♭add2
A general, a doctor, maybe a M.C?

D♭maj7 C7
Haha, I wanna kiss you all the time,

Fm7 E♭m7 A♭add2 D♭maj7
But I will test that butt when you cut outta line, trudat,

C7
Uh-uh-uh why do you do that?

Fm7 E♭m7 A♭add2
I try to be a tough dad, but you be makin' me laugh.

D♭maj7 C7
Crazy joy, when I see the eyes of my baby boy,

Fm7 E♭m7 A♭add2 D♭maj7
I pledge to you, I will always do everything I can,

C7
Show you how to be a man,

Fm7 E♭m7 A♭add2
Dignity, integrity, honour and

D♭maj7 C7
I don't mind if you lose, long as you came with it.

cont.

Fm7 N.C.
And you can cry, ain't no shame in it.
D♭maj7 C7
It didn't work out with me and your mom,
Fm7 E♭m7 A♭add2
But yo, push come to shove, you was conceived in love
D♭maj7 C7
So if the world attacks, and you slide off track,
Fm7
Remember one fact, I got your back.

Chorus 2

As Chorus 1

Verse 3

D♭maj7 C7
It's a full-time job to be a good dad,
Fm7 E♭m7 A♭add2
You got so much more stuff than I had.
D♭maj7 C7
I gotta study just to keep with the changin' times,
Fm7 N.C.
A Hundred 'n' One Dalmations on your CD-rom.
D♭maj7 C7
See me, I'm tryin' to pretend I know
Fm7 E♭m7 A♭add2
On my PC where dat CD go.—
D♭maj7 C7
But yo, ain't nothin' promised, one day I'll be gone.
Fm7
Feel the strife, but trust life does go on.
D♭maj7 C7
But just in case, it's my place to impart
Fm7 E♭m7 A♭add2
One day some girl's gonna break your heart.
D♭maj7 C7
And ooh ain't no pain like from the opposite sex,
Fm7 E♭m7 A♭add2
Gonna hurt bad, but don't take it out on the next, son.
D♭maj7 C7
Throughout life people will make you mad,
Fm7 E♭m7 A♭add2
Disrespect you and treat you bad.
D♭maj7 C7
Let God deal with the things they do,
Fm7 E♭m7 A♭add2
'Cause hate in your heart will consume you too.
D♭maj7 C7
Always tell the truth, say your prayers,

cont.

Fm7 E♭m7 A♭add2 D♭maj7
Hold doors, pull out chairs, easy on the swears.

C7
You're living proof that dreams come true,

Fm7
I love you and I'm here for you.

Chorus 3

D♭maj7
Just the two of us,

C7 Fm7 E♭m7
We can make it if we try.

D♭maj7 C7 Fm7
Just the two of us (just the two of us.)

A♭add2 D♭maj7
Just the two of us,

C7 Fm7 E♭m7
Building castles in the sky,

A♭add2 D♭maj7 C7 Fm7
Just the two of us, you and I. _

Tru-dat, tru-dat.

Outro

D♭maj7 C7 Fm7 E♭m7 A♭add2 D♭maj7
Just the two of us,

C7 Fm7
Just the two of us,

D♭maj7 C7 Fm7 E♭m7 A♭add2 D♭maj7
Just the two of us,

C7 Fm7
Just the two of us,

(D♭maj7) (C7) (Fm7) (E♭m7)
Just the two of us.

(That's a really good song.

How much am I getting paid for this, Dad?)

Last Thing On My Mind

Music by Mike Stock & Pete Waterman
Words by Sarah Dallin & Keren Woodward

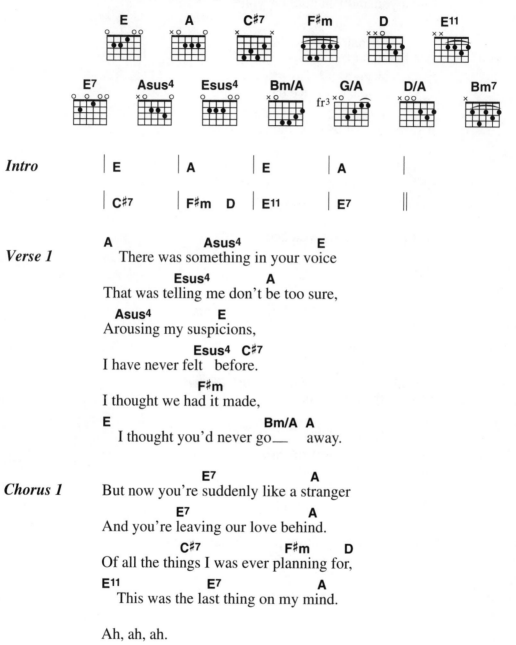

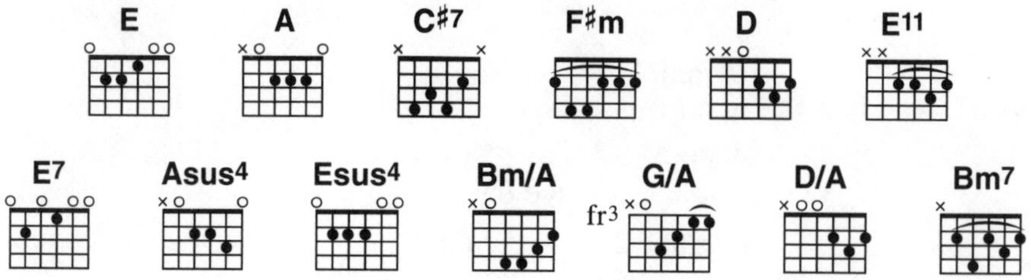

Intro

```
| E      | A      | E      | A      |
| C♯7    | F♯m  D | E11    | E7     ||
```

Verse 1

```
A                Asus4         E
   There was something in your voice
            Esus4          A
That was telling me don't be too sure,
  Asus4            E
Arousing my suspicions,
              Esus4 C♯7
I have never felt   before.
              F♯m
I thought we had it made,
E                         Bm/A A
   I thought you'd never go__   away.
```

Chorus 1

```
                   E7                A
But now you're suddenly like a stranger
              E7                     A
And you're leaving our love behind.
              C♯7                F♯m      D
Of all the things I was ever planning for,
E11                E7               A
   This was the last thing on my mind.

Ah, ah, ah.
```

Verse 2

```
A              Asus4          E
When I looked into your eyes

                Esus4                    A
There was something you weren't telling me.

   Asus4       E                  Esus4     C♯7
But in my confusion I just couldn't see

               F♯m
If there was any doubt,

E                                    Bm/A  A
  I thought that we would work      it out.
```

Chorus 2

```
                  E7                 A
But now you're suddenly like a stranger

              E7                     A
And you're leaving our love behind.

               C♯7               F♯m       D
Of all the things I was ever planning for,

E11                E7                   G/A
   This was the last thing on my mind.
```

Instrumental

D/A	A	A	G/A	D/A	A
A	G/A	D/A	Bm7	E7	‖

Verse 3 As Verse 1

Chorus 3 As Chorus 1

Chorus 4

```
                  E7                 A
But now you're suddenly like a stranger

              E7                     A
And you're leaving our love behind.

               C♯7               F♯m       D
Of all the things I was ever planning for,

E11                E7                   A
   This was the last thing on my mind.
```

Life Is A Flower

Words & Music by
Jonas Berggren

Intro | A Bm | Gadd9 Dsus4 D | A Bm | Gadd9 ||

Chorus 1

A Bm
We live in a free world,
Gadd9 Dsus4
I whistle down the wind.
D A Bm
Carry on smiling
Gadd9 Dsus4
And the world will smile with you.
D A Bm
Life is a flower,
Gadd9 Dsus4
So precious in your hand.
D A Bm
Carry on smiling
Gadd9 Dsus4 D
And the world will smile with you.

Verse 1

Bm A
When ev'ry race is run
G D A/C♯
And the day is closing in,
Bm A
I don't care about the world,
G D A/C♯
I'm living for the light.
Bm A G D
Don't cry for me today, oh. ___

Chorus 2 As Chorus 1

Verse 2

Bm A
I cannot be your judge,
G D A/C♯
Mister Jailer is your host,
Bm A
He's keeping you inside
G D A/C♯
And hides you from the world.
Bm A
No Catcher in the Rye
G D
Can help you from yourself.

Chorus 3

A Bm
We live in a free world,
Gadd9 Dsus4
I whistle down the wind.
D A Bm
Carry on smiling
Gadd9 Dsus4
And the world will smile with you.
D A Bm
Life is a flower,
Gadd9 Dsus4
So precious in your hand.
D A Bm
Carry on smiling
G
And the world will smile with you.

Middle

(A) (Bm)
Please, Mister Agony,
(G) (D)
Release them for a while.
(A) (Bm)
Oh oh oh, learn then the consequence
(G) (D)
Of living without life.

Instrumental | Bm A | G D A/C♯ | Bm A | G D A/C♯ |

| Bm A | G D ||

Chorus 4 ||: As Chorus 1 :|| *Repeat to fade*

Road Rage

Words & Music by
Cerys Matthews & Mark Roberts

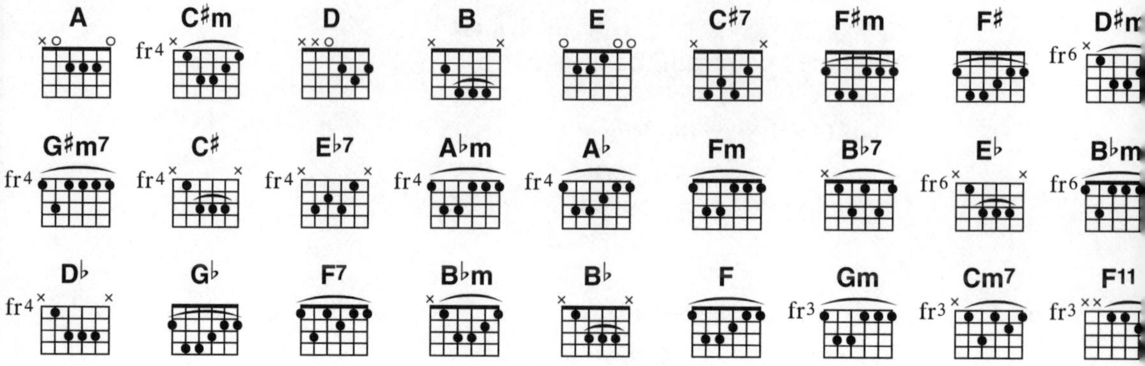

Intro

A C♯m
If all you've got to do today is find peace of mind,

D B E
Come 'round, you can take a piece of mine.

A C♯m
And if all you've got to do today is hesitate,

D B E
Come here, you can leave it late with me.

Verse 1

C♯7 F♯m
You could be taking it ea - sy on yourself,

C♯7 F♯m C♯7
You should be making it ea - sy on yourself,

F♯ C♯7
'Cause you and I know it's all over the front page,

D♯m G♯m7
You give me road rage, racing through the best days.

F♯ C♯7
It's up to you boy, you're driving me cra - zy

D♯m G♯m7
Thinking you may be losing your mind.

B D♯m
If all you've got to prove today is your innocence,

E C♯ F♯
Calm down, you're as guilty as can be.

Verse 2

E♭7 A♭m
You could be taking it ea - sy on yourself,
E♭7 A♭m E♭7
You should be making it ea - sy on yourself,
A♭ E♭7
'Cause you and I know it's all over the front page,
Fm B♭7
You give me road rage, racing through the best days.
E♭ E♭7
It's up to you boy, you're driving me cra - zy
Fm B♭7
Thinking you may be losing your mind.
E♭
You're losing your mind.

Middle

A♭ B♭m7 E♭
You, you've been racing through the best days,
A♭
Space age, road rage, fast lane.
D♭ Fm
And if all you've got to do today is find peace of mind,
G♭ E♭ A♭
Come here, you can take a peace of mine.

Verse 3

F7 B♭m
You could be taking it ea - sy on yourself,
F7 B♭m F7
You should be making it ea - sy on yourself,
B♭ F
'Cause you and I know it's all over the front page,
Gm Cm7
You give me road rage, racing through the best days.
B♭ F7
It's up to you boy, you're driving me cra - zy
Gm Cm7
Thinking you may be losing your mind.
F11 B♭ F7
But you and I know we all live in the space age,
Gm Cm7
Coming down with road rage, racing through the best days.
B♭ F7
It's up to you boy, you're driving me cra - zy
Gm Cm7
Thinking you may be losing your mind.

Outro

B♭ F7
𝄆 It's not over, it's not over,
Gm Cm7
It's not over. 𝄇 *Repeat to fade with ad lib. vocal*

Rotterdam

Words & Music by
Words & Music by Paul Heaton & David Rotheray

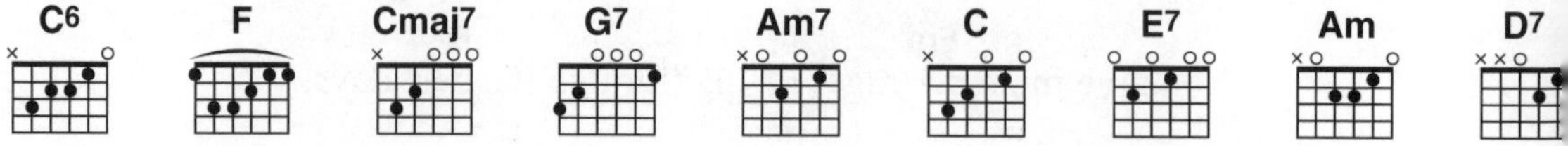

Intro ‖: C6 F | Cmaj7 F | C6 F | Cmaj7 F :‖

Verse 1

C6 F
And the women tug their hair
Cmaj7 F C6 F | Cmaj7 F |
Like they're tryin' to prove it won't fall out.
C6 F
And all the men are gargoyles
Cmaj7 F C6 F | Cmaj7 F |
Dipped long in Irish stout.
G7
The whole place is pickled,
Am7
The people are pickles for sure,
G7
And no one knows if they done more here
C E7
Than they ever would do in a jar.

Chorus 1

Am C
This could be Rotterdam or anywhere,
Am C
Liverpool or Rome,
Am C
'Cause Rotterdam is anywhere,
D7 G7
Anywhere alone,
C6 F | Cmaj7 F | C6 F | Cmaj7 F ‖
Anywhere alone.

Verse 2

```
    C6              F
And everyone is blonde,
    Cmaj7          F        C6   F  | Cmaj7  F  |
And everyone is beautiful.
           C6                             F
And when blonde and beautiful are multiple
         Cmaj7            F        C6   F  | Cmaj7  F  |
They become so dull and dutiful.
           G7
And when faced with dull and dutiful
                          Am7
They fire red warning flares,
       G7
Battle-khaki personality
    C        E7
With red underwear.
```

Chorus 2

As Chorus 1

```
| C6   F  | Cmaj7  F  | C6   F  | Cmaj7  F  ||
```

Verse 3

```
    G7
The whole place is pickled,
                            Am7
The people are pickles for sure,
    G7
And no one knows if they done more here
             C                  E7
Than they ever would do in a jar.
```

Chorus 3

```
                     Am          C
|: This could be Rotterdam or anywhere,
Am         C
Liverpool or Rome,
        Am          C
'Cause Rotterdam is anywhere,
D7        G7
Anywhere alone. :|
                C6   F  | Cmaj7  F  |
Anywhere alone.
```

Outro

```
|:               C6   F  | Cmaj7  F  :|  Repeat to fade
  Anywhere alone.
```

Searchin' My Soul

Words & Music by
Vonda Shepard & Paul Gordon

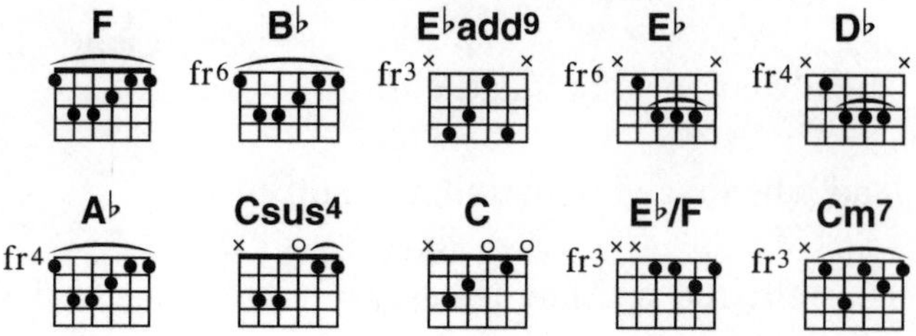

Intro F ‖ F B♭ | B♭ | E♭add9 | B♭ ‖

Verse 1

F E♭
I've been down this road,
B♭ F
Walkin' the line that's spirited by pride,
E♭ B♭
And I have made mistakes in my life that I,__
F
I just cannot hide.
D♭ A♭
Oh, I believe I am ready__
B♭
For what love has to bring, yeah,
D♭ A♭
I've got myself together,
B♭ Csus4 C F
Now I'm ready to sing.

Chorus 1

B♭
I've been searchin' my soul tonight,
E♭ B♭
I know there's so much more to life.
F B♭
Now I know I can shine a light
E♭ B♭
To find my way back home.

Verse 2

F E♭
One by one

B♭ F
The chains around me unwind,

E♭ B♭
Every day now I feel that I can leave

F
Those years behind.

D♭ A♭
Oh, I've been thinking of you

B♭
For a long time,

D♭ A♭
There's a side of my life

B♭ Csus4 C F
Where I've been blind. And so…

Chorus 2

B♭
I've been searchin' my soul tonight,

E♭ B♭
I know there's so much more to life.

F B♭
Now I know I can shine a light,

E♭ B♭ F
Everything gonna be alright, oh.

Chorus 3

B♭
I've been searchin' my soul tonight,

E♭ B♭
Don't wanna be alone in life.

F B♭
Now I know I can shine a light

E♭ B♭
To find my way back home.

Middle

| F E♭/F F | F ||

F
Maybe I been holdin' back now,

B♭ Cm7 B♭
My whole life, yeah, yeah!

F
I've decided to move on now,

C B♭
Gonna leave all my worries behind.

Guitar solo

|: F | E♭ | B♭ | F :|

Verse 3

```
 D♭                   A♭
Oh, I believe I am ready__
          B♭
For what love has to bring, yeah,
D♭                    A♭
   I've got myself together,
B♭             Csus4 C  F
   Now I'm ready      to sing.
```

Chorus 4

```
                                 B♭
I've been searchin' my soul tonight,
E♭                               B♭
   I know there's so much more to life.
F                           B♭
   Now I know I can shine a light,
E♭                         B♭       F
   Everything gonna be alright, oh.
```

Chorus 5

```
                                 B♭
I've been searchin' my soul tonight,
E♭                      B♭
   Don't wanna be alone in life.
F                           B♭
   Now I know I can shine a light
  E♭                        B♭
To find my way back home.
```

Outro

```
     F      B♭
||: Oh! baby,
  E♭       B♭
Yeah, oh yeah!      :||  Play 3 times with ad lib. vocals
F       B♭    E♭
   Ooh, ooh!__
B♭            F
   Oh yeah.
```

Smoke

Words & Music by
Natalie Imbruglia & Matt Bronleewee

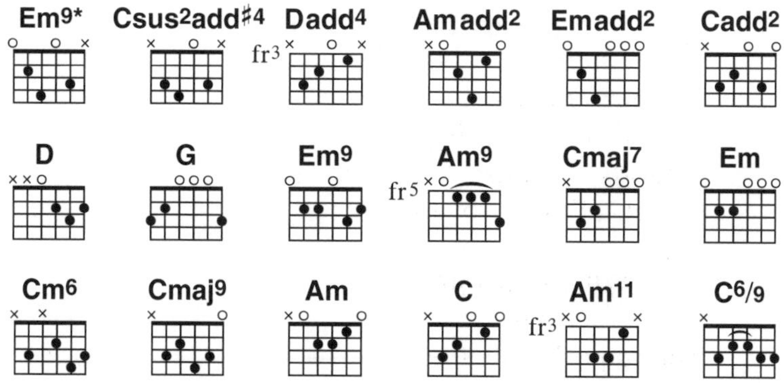

Intro | Em9* | Csus2add♯4 | Dadd4 | Amadd2 ||

Verse 1

Emadd2 Cadd2 D G
My lullaby

Emadd2 Cadd2 D G
Hung out to dry,

Emadd2 Cadd2 D G
What's up with that?

Emadd2 Cadd2 D G
It's ov - er.

Emadd2 Cadd2 D G
Where are you dad?

Emadd2 Cadd2 D G
Mum's lookin' sad,

Emadd2 Cadd2 D G
What's up with that?

Emadd2 Cadd2 D G
It's dark in here.

Chorus 1

Em9 Am9
Why bleeding is breathing,

Cmaj7 D
You're hiding underneath the smoke in the room.

Em9 Am9
Try, bleeding is believing,

Cmaj7 D
I used to.

```
            Emadd2  Cadd2           D   G
Verse 2           My mouth is dry,
            Emadd2      Cadd2         D   G
                  Forgot how to cry,
            Emadd2       Cadd2          D   G
                  What's up with that?
                       Emadd2 Cadd2   D   G
            You're hurt  -  -  ing me.
            Emadd2  Cadd2          D   G
                  I'm running fast,
            Emadd2     Cadd2          D   G
                  Can't hide the past,
            Em
                  What's up with that?
                      Cm6
            You're push - ing me.

            Em9        Am9
Chorus 2          Why bleeding is breathing,
            Cmaj7                D
                  You're hiding underneath the smoke in the room.
            Em9       Am9
                  Try, bleeding is believing,
            Cmaj7             D
               I used to.

            Em              | Cmaj9  | Dadd4  | Am        |
Middle            I used to.

            | Em9*    | Cmaj9   | Dadd4   | Am       ||

            Em        Am9
Chorus 3          Why bleeding is breathing,
            C                   D
                  You're hiding underneath the smoke in the room.
            Em9*      Am11
                  Try, bleeding is believing,
            C6/9             D
                  I saw you crawling on the floor.
```

Chorus 4

```
Em9         Am9
     Why bleeding is breathing,
Cmaj7                 D
     You're hiding underneath the smoke in the room.
Em9        Am9
     Try, bleeding is believing,
Cmaj7            D
     I saw you crawling to the door.
```

Chorus 5

```
Em9         Am9
     Why bleeding is breathing,
Cmaj7                 D
     You're hiding underneath the smoke in the room.
Em9        Am9
     Try, bleeding is believing,
Cmaj7           D
     I saw you falling on the floor.
```

Outro

```
| Emadd2   Cadd2 | D    Amadd2 |
| Emadd2   Cadd2 | D    G      |
|: Emadd2  Cadd2 | D    G      |
| Emadd2   Cadd2 | D    G     :|   Repeat to fade
```

That's The Way (I Like It)

Words & Music by
H.W. Casey & R. Finch

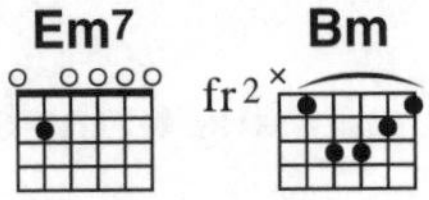

Intro
Em7
Ooh, ooh, ooh, ooh.

Chorus 1
Bm
That's the way ah ha ah ha,
I like it ah ha ah ha.
That's the way ah ha ah ha,
I like it ah ha ah ha.
That's the way ah ha ah ha,
I like it ah ha ah ha.
That's the way ah ha ah ha,
I like it ah ha ah ha.

Verse 1
Em7
When you take me by the hand,
Tell me you're my lovin' man.
Will you give me all your love,
And do it babe the very best you can.

Chorus 2
As Chorus 1

Verse 2

Em^7
When I get to be in your arms,

When we're all, all alone.

When you whisper sweet in my ear,

When you turn, turn me on:

Chorus 3 As Chorus 1

Middle

Em^7
Ooh, ooh, ooh, ooh.

Chorus 4 As Chorus 1

Verse 3

Em^7
Babe, oh babe,

That's the way, ah ha, that's the way, ah ha.

Babe, oh babe,

That's the way, ah ha, that's the way, ah ha.

Chorus 5 ‖: As Chorus 1 :‖ *Repeat to fade*

To You I Belong

Words & Music by Edele Lynch, Keavy Lynch, Lindsay Armaou,
Sinead O'Carroll, Ray Hedges & Martin Brannigan

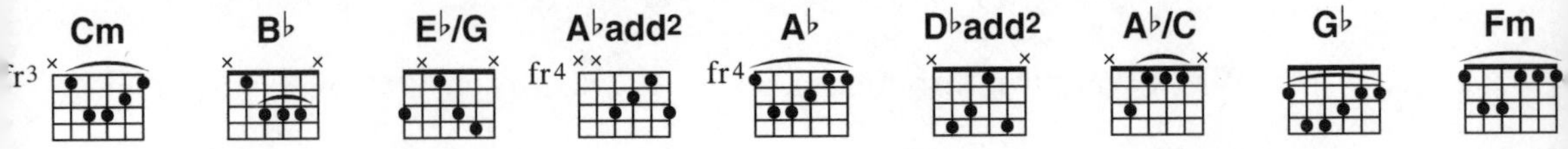

Intro | Cm B♭ | E♭/G A♭add2 B♭ | Cm B♭ | A♭add2 | A♭ ||

Verse 1

Cm B♭ E♭/G A♭
Rain fell down, you were there,
B♭ Cm B♭ E♭/G A♭
I cried for you when I hurt my hand.
Cm B♭ E♭/G A♭
Storm a-rushing in, wind was howling,
B♭ Cm B♭ A♭add2
I called for you, you were there.

Chorus 1

D♭add2 E♭
Whenever dark turns to night,
D♭add2 E♭
And all the dreams sing their song,
D♭add2 A♭/C
In the daylight forever
G♭ Fm E♭
To you I belong.

Verse 2

Cm B♭ E♭/G A♭
Beside the sea, when the waves broke,
B♭ Cm B♭ E♭/G A♭
I drew a heart for you in the sand.
Cm B♭ E♭/G A♭
In fields where streams turn to rivers,
B♭ Cm B♭ A♭add2
I ran to you, you were there.

Chorus 2

```
             D♭add2      E♭
Whenever dark turns to night,
              D♭add2             E♭
And all the dreams sing their song,
          D♭add2      A♭/C
In the daylight forever
    G♭  Fm   Cm  B♭
To you I  belong.
```

Middle

```
| E♭/G A♭  B♭ | Cm  B♭  | E♭/G A♭  | Cm  B♭  |

E♭/G A♭  B♭ Cm  B♭              A♭add2
         I  ran to you, you were there.
```

Chorus 3

```
             D♭add2      E♭
Whenever dark turns to night,
              D♭add2             E♭
And all the dreams sing their song,
          D♭add2      A♭/C
In the daylight forever
    G♭  Fm   E♭
To you I  belong,
    G♭  Fm   E♭
To you I  belong,
    G♭  Fm   E♭
To you I  belong.
```

Uninvited

Words & Music by
Alanis Morissette

Verse 1

D
Like anyone would be,
Gm D
I am flattered by your fascination with me.

Like any hot-blooded woman
Gm D
I have simply___ wanted an object to crave.
D7 G
But you, you're not allowed;
D
You're uninvit - ed: an unfortunate slight.

Verse 2

Must be strangely exciting
Gm D
To watch the sto - ic squirm.

Must be somewhat heartening
Gm D
To watch shepherd meet shepherd.
D7 G
But you, you're not allowed;
D
You're uninvit - ed: an unfortunate slight.

Instrumental | D | D | D | D ||

Verse 3

```
D
Like any uncharted territory,
    Gm                D
I must seem greatly intrigu - ing

You speak of my love
                    Gm                        D
Like you have exper - ienced love like mine before.
    D7              G
But this is not allowed;
              D
You're uninvit - ed: an unfortunate slight.
```

Instrumental | D | D | D | D | D | D ||

```
I don't think you unworthy;
            Gm              D
I need a mo - ment to deliberate.
```

Guitar solo ||: D | D | D | D :|| *Play 4 times*

| D5 ||

Wannabe

Words & Music by Matt Rowe, Richard Stannard, Melanie Brown,
Victoria Aadams, Geri Halliwell, Emma Bunton & Melanie Chisholm

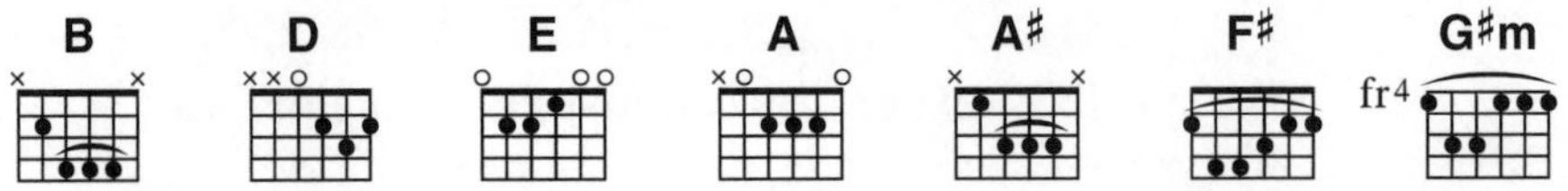

Intro

```
              B
Yo, I'll tell you what I want,
          D
What I really, really want,
   E
So tell me what you want,
               A
What you really, really want.
A♯    B
  I'll tell you what I want,
          D
What I really, really want,
   E
So tell me what you want,
               A
What you really, really want.
 A♯     B                  D
I wanna,  I wanna, I wanna,  I wanna,
         E
I wanna really, really, really
      A           A♯
Wanna zig-a-zig ha.
```

Verse 1

```
F♯           G♯          E      B
  If you want my future,  forget my past,
F♯          G♯m               E          B
  If you wanna get with me,  better make it fast.
F♯           G♯m         E      B
  Now don't go wasting  my precious time,
F♯           G♯m              E      B
Get your act together, we could be just fine.
```

Pre-chorus

B
I'll tell you what I want,

D
What I really, really want,

E
So tell me what you want,

A
What you really, really want.

A♯ B D
I wanna, I wanna, I wanna, I wanna,

E
I wanna really, really, really

A A♯
Wanna zig-a-zig ha.

Chorus

F♯ G♯m
If you wanna be my lover,

E B
You gotta get with my friends,

F♯ G♯m
Make it last forever,

E B
Friendship never ends.

F♯ G♯m
If you wanna be my lover,

E B
You have got to give,

F♯ G♯m
Taking is too easy,

E B
But that's the way it is.

Verse 2

N.C. E B
What do you think about that now you know how I feel?

F♯ G♯m E B
Say you can handle my love, are you for real?

F♯ G♯m E B
I won't be hasty, I'll give you a try,

F♯ G♯m E B
If you really bug me then I'll say good bye.

Pre-chorus 2 As Pre-chorus 1

Chorus 2 As Chorus 1

Middle

B D
So here's the story from A to Z,

E A
You wanna get with me, you gotta listen carefully.

A♯ B D
You got M. in the place who likes it in your face,

E A A♯
You got G. like M.C. who likes it on an easy beat.

| B D | E A A♯ | B D |
With vocal ad libs

N.C.
Ev'rybody down and wind it all around.

Chorus 3

F♯ G♯m
𝄆 If you wanna be my lover,

E B
You gotta get with my friends,

F♯ G♯m
Make it last forever,

E B
Friendship never ends.

F♯ G♯m
If you wanna be my lover,

E B
You have got to give,

F♯ G♯m
Taking is too easy,

E B
But that's the way it is. 𝄇

Outro

𝄆 B D | E A A♯ 𝄇

N.C.
If you wanna be my lover.

When The Lights Go Out

Words & Music by Eliot Kennedy, Tim Lever, Mike Percy, John McClaughlin,
Sean Conlon, Jason Brown, Richard Dobson, Richard Breen & Scott Robinson

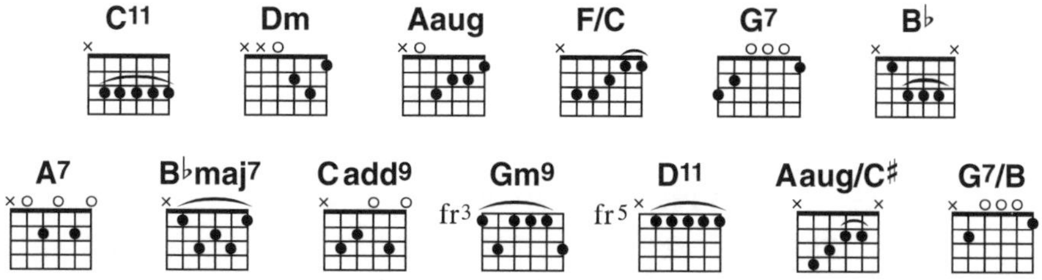

Intro

N.C.
Yeah, I like that, you know what I mean?

C11
You're looking kinda fly tonight, girl, so what's up? Check it.

N.C. Dm Aaug
Baby, when the lights go out,

F/C G7 B♭
Oh, no, no, oh!

A7 Dm Aaug
I'll show you what it's all about.

F/C G7
Coming at you girl,

B♭
You know you like this girl.

C11 Dm
Here we go! Check it.

Verse 1

Dm Aaug
I ain't sorry for the way I feel,

F/C G7
I know you think I'm being insincere,

B♭ A7
From the way I'm treating you.

Dm Aaug
I never wanted to be so unkind,

F/C G7 B♭
The only one thing on my mind

C11
Is just kicking it with you girl.

cont.
B♭maj7 Cadd9 Gm9
Baby, it's not the way I feel,

You know you must believe me now.
B♭ Cadd9 D11
Baby, it's not part of the deal,
N.C.
Oh, no, no.

Chorus 1
Dm Aaug
Baby when the lights go out,
F/C G7 B♭
Ev' - ry single word could not express
A7
The love and tenderness.
Dm Aaug
I'll show you what it's all about,
F/C G7 B♭
Babe, I swear you will succumb to me,
C11 Dm
So baby come to me when the lights go out.

Yeah, check it, check it out, second verse girl.

Verse 2
Aaug
I know you think it may be just a lie,
F/C G7
Ain't no good in putting up a fight,
B♭ A7
'Cos my heart is set on you.
Dm Aaug
I see the truth is in your eyes,
F/C G7 B♭
I ain't fooled by your thin disguise,
C11
I can see I'm getting through, babe.
B♭maj7 Cadd9 Gm9
Girl, don't deny__ the way you feel,

You know you gotta trust me,
B♭ Cadd9 D11
Give me a chance to prove I'm real,
N.C.
Oh yeah, yeah.

Chorus 2

Dm Aaug
Baby when the lights go out,

F/C G7 B♭
Ev' - ry single word could not express

A7
The love and tenderness.

Dm Aaug
I'll show you what it's all about,

F/C G7 B♭
Babe, I swear you will succumb to me,

C11
So baby come to me.

Chorus 3

Dm Aaug
And baby when the lights go out,

F/C G7 B♭
Ev' - ry single word could not express

A7
The love and tenderness.

Dm Aaug
I'll show you what it's all about,

F/C G7 B♭
Babe, I swear you will succumb to me,

C11 Dm
So baby, come to me when the lights go out.

Middle

When I flick the switch, make your hips wanna dip now.

I can get you off 'cos I'm ready and equipped now.

N.C.
Swing for me baby, give me all that you got,

Never wanna stop 'cos you make me feel hot.

I know what you wanna do

And that I feel the same way too.

Give ya what you want through the days and the nights,

Yeah, it's about time that we turned out the lights.

Dm Aaug/C♯ F/C
Yeah, I like that.

G7/B B♭ C11
What's up? Check it.

Outro

𝄆 As Chorus 2 𝄇 *Repeat to fade with ad lib. vocal*

When You're Gone

Words & Music by
Bryan Adams & Eliot Kennedy

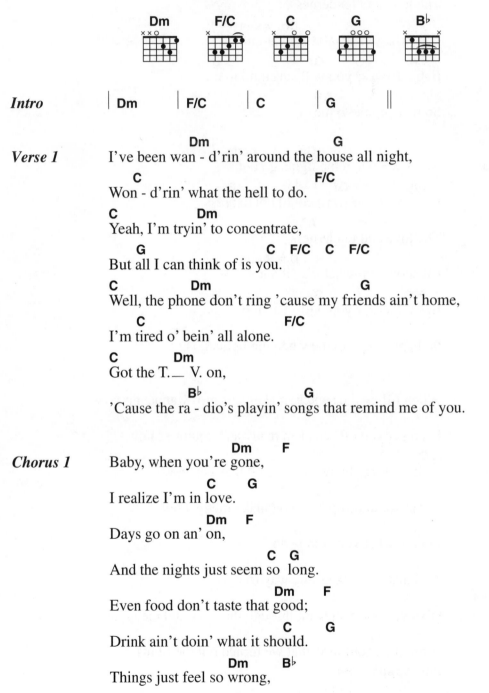

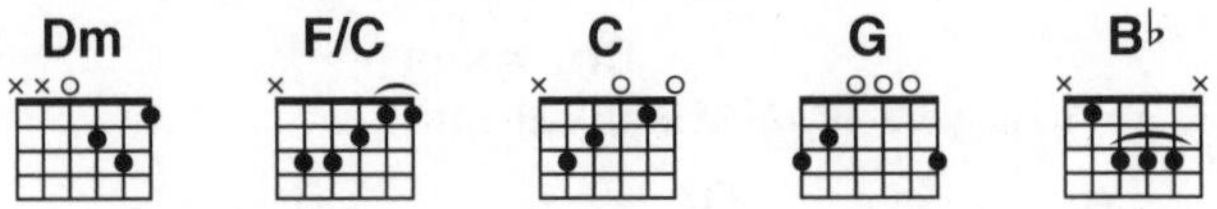

Intro | Dm | F/C | C | G ||

Verse 1

```
                 Dm                         G
I've been wan - d'rin' around the house all night,
   C                                  F/C
Won - d'rin' what the hell to do.
C                  Dm
Yeah, I'm tryin' to concentrate,
   G                          C   F/C   C   F/C
But all I can think of is you.
C                Dm                            G
Well, the phone don't ring 'cause my friends ain't home,
   C                           F/C
I'm tired o' bein' all alone.
C              Dm
Got the T.__ V. on,
                 B♭               G
'Cause the ra - dio's playin' songs that remind me of you.
```

Chorus 1

```
                          Dm        F
Baby, when you're gone,
                    C       G
I realize I'm in love.
                    Dm     F
Days go on an' on,
                               C   G
And the nights just seem so  long.
                                    Dm        F
Even food don't taste that good;
                                    C         G
Drink ain't doin' what it should.
                          Dm        B♭
Things just feel so wrong,
                          G
Baby, when you're gone.
```

Verse 2

Dm G
I've been drivin' up an' down these streets,
C F/C
Try - in' to find somewhere to go.
C Dm G
Yeah, I'm lookin' for a familiar face,
C F/C C F/C
But there's no one I know.
C Dm G
Oh,_ this is torture, this is pain;
C F/C C
It feels like I'm gonna go in - sane.
Dm B♭
I hope you're coming back real soon,
G
'Cause I don't know what to do.

Chorus 2

As Chorus 1

Solo

‖: Dm | G | C | C :‖ *Play 3 times*

| Dm | B♭ | G | G ‖

Chorus 3

Dm F
Baby, when you're gone,
C G
I realize I'm in love.
Dm F
Days go on an' on,
C G
And the nights just seem so long.
Dm F
Even food don't taste that good;
C G
Drink ain't doin' what it should.
Dm B♭
Things just feel so wrong,
G
Baby, when you're gone.
Dm
Oh, baby when you're gone;
B♭ F
Yes, baby, when you're gone.

No Matter What

Music by Andrew Lloyd Webber
Lyrics by Jim Steinman

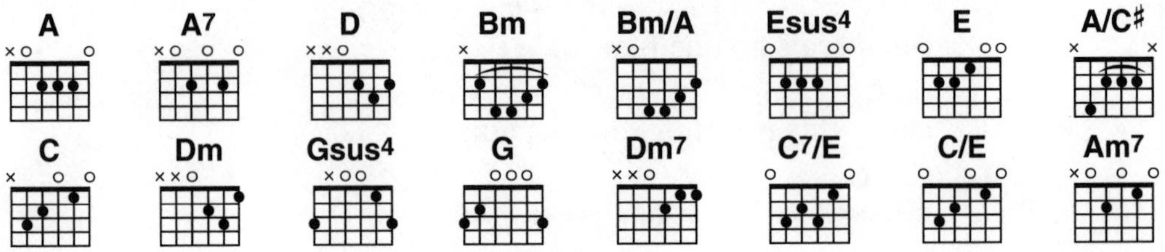

Intro

| A | A7 | D | D |
| D | D | Bm | A ||

Verse 1

```
A
No matter what they tell us,
                         Bm/A
No matter what they do,
Bm                       Esus4   E
No matter what they teach us,
Esus4    E          A
What we believe is true.
```

Verse 2

```
A
No matter what they call us,
                    Bm/A
However they attack,
Bm                        Esus4   E
No matter where they take us,
Esus4     E               A
We'll find our own way back.
```

Chorus 1

```
 A                  A7
I can't deny what I believe,
D                        A/C♯
I can't be what I'm not,
Bm                 Esus4 E
I know our love's forev - er
Esus4  E          A
I know no matter what.
```

Verse 3

A
If only tears were laughter,
Bm/A
If only night was day
Bm Esus4 E
If only prayers were answered
Esus4 E A
Then we would hear God say.

Verse 4

A
No matter what they tell you,
Bm/A
No matter what they do,
Bm Esus4 E
No matter what they teach you,
Esus4 E A
What you believe is true.

Chorus 2

A A7
And I will keep you safe and strong,
D A/C♯
And sheltered from the storm.
Bm Esus4 E
No matter where it's bar - ren
Esus4 E A
Our dream is being born.

Instr

| C | C | C | Dm |
| Dm | Gsus4 G | Gsus4 G | C ||

Verse 5

C
No matter who they follow,
Dm7
No matter where they lead,
Dm Gsus4 G
No matter how they judge us,
Gsus4 G C
I'll be everyone you need.

Chorus 3

C C7/E
No matter if the sun don't shine

F C/E
Or if the skies are blue,

Dm Gsus4 G
No matter what the end - ing

Gsus4 G C
My life began with you.

Chorus 4

C C7/E
I can't deny what I believe,

F C/E
I can't be what I'm not.

Dm Gsus4 G
I know this love's forever

Gsus4 G C
That's all that matters now

C Am7
No matter what.

Coda

G C Am7
No, no matter what

G C Am7
No, no matter what

C
No, no matter,

Am7 G C
That's all that matters to me. *Repeat to fade*